KB033854

기초 문법책, 단어장, 회화책을 한 권으로

손으로 쓰면서 외우는

일본어 문법
30일 완성

나 무 지음

세나북스

일본어는 한국어와 기본 어순이 같아서 한국인이 배우기 쉬운 외국어로 꼽힙니다. 하지만 아무리 비슷한 언어라고 해도 외국어인 만큼 공부하기가 결코 만만하지 않지요. 처음에는 문법이 쉽게 생각되지만, 동사의 종류와 활용법을 공부하는 단계가 되면 내용이 복잡하고 어려워 포기하는 경우가 많습니다.

한자 공부도 쉽지 않습니다. 따라 쓰기도 어렵고 같은 한자라도 읽는 방법이 여러 개인 것이 많아 다 익히고 외우려면 많은 시간과 노력이 필요합니다.

이처럼 문법과 한자 모두 쉽지 않은 일본어 공부에서 원하는 실력을 갖추기 위한 가장 좋은 방법은 '꾸준함'입니다. 한 달만이라도 매일 꾸준히 공부해 보면 어떨까요? 꾸준히 공부하다 보면 어렵게 느껴졌던 내용도 서서히 이해되고 조금씩 재미도 느끼게 됩니다.

이 책은 하루에 4페이지씩, 퀴즈를 풀 듯 따라 쓰며 공부하면 한 달 만에 끝낼 수 있도록 구성되어 있습니다. 기초 문법뿐만 아니라 초급에 필요한 단어장, 배운 내용이 들어간 회화도 소개되어 있어 문법, 어휘, 회화를 자연스럽게 함께 익힐 수 있습니다.

또한 외국어 공부는 최대한 자주 접하는 것이 중요한 만큼, 교재를 부담 없이 들고 다니며 언제든지 펼쳐 볼 수 있도록 간결하고 가볍게 만들었습니다.

손으로 직접 쓰면서 공부하는 '필사법'은 사람의 기억력을 높이는 가장 좋은 방법 중 하나입니다. 앞으로 한 달 동안 연필의 촉감을 느끼며 일본어 공부에 빠져 보는 건 어떨까요? 이 책이 일본어를 통해 새로운 경험과 생활에 도전하고자 하는 분들에게 도움이 되기를 바랍니다.

저자 나무

Contents

Chapter 3. 동사를 이용한 다양한 표현

Chapter 4. 동사의 수동 & 사역 & 사역수동

Chapter 5. 일본어 특유의 표현

효과적인 교재 활용법

01. 핵심 정리

매일 학습할 내용은 첫 페이지에 정리되어 있습니다. 먼저 표와 핵심 설명을 천천히 읽어 보며 이해하세요.

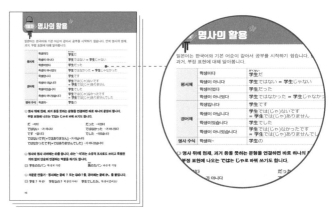

02. 빈칸 채우기

제시된 단어들의 활용법을 직접 쓰면서 연습해 보세요.

03. 문장 완성 하기

배운 문법을 실제 문장을 통해 연습합니다. 모르는 표현은 한국어 번역을 보면서 가볍게 읽고 문제에 집중해서 풀어 보세요.

04. 회화 베껴 쓰기

회화 내용을 쓰면서 읽어 보세요. 회화는 자주 사용되는 표현을 반복해 말해보면서 익숙해지는 것이 중요합니다.

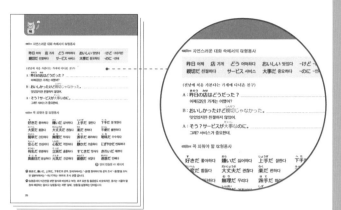

05. 필수 단어 외우기

각 챕터마다 꼭 외워야 할 단어들이 정리되어 있습니다. 표시된 페이지의 단어 연습장에 쓰면서 외워 보세요.

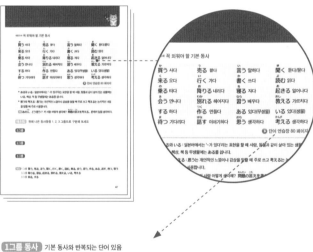

1그룹 동사 기본 동사와 반복되는 단어 있음

の 乗る		い 行く	
타다		가다	
か 買う		う 売る	
사다		팔다	
い 言う		き 聞く	
말하다		듣다	
か 書く		よ 読む	
쓰다		읽다	
あ 会う		あそぶ	
만나다		놀다	

06. 문제 풀기

간단한 테스트를 통해 공부한 내용을 확인하세요.

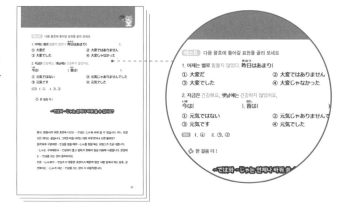

テスト 다음 괄호에 들어갈 표현을 골라 보세요.

1. 어제는 별로 힘들지 않았다. 昨日はあまり(

① 大変だ　　　　　　　　② 大変ではありません

③ 大変でした　　　　　　④ 大変じゃなかった

2. 지금은 건강해요, 옛날에는 건강하지 않았어요.
今は(　　　　　), 昔は(

① 元気ではない　　　　　② 元気じゃありません

③ 元気です　　　　　　　④ 元気でした

정답　1. ④　2. ③, ②

✿ 한 걸음 더!

~では와 ~じゃ는 언제나 바꿔 쓸

07. 복습하기

하나의 챕터가 끝나면 나오는 Review를 통해 복습하고 중간마다 나오는 '한 걸음 더' 내용도 꼼꼼히 읽어 보세요. 그러면 훨씬 더 탄탄한 일본어 실력을 갖출 수 있습니다.

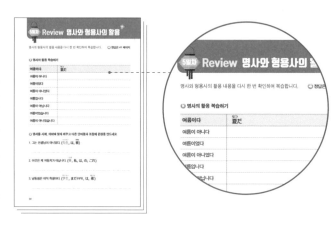

5일차 Review 명사와 형용사의 활용

명사와 형용사의 활용 내용을 다시 한 번 확인하며 복습합니다.　정답은

◯ 명사의 활용 복습하기

여름이다	夏だ
여름이 아니다	
여름이었다	
여름이 아니었다	
여름입니다	
여름이 아닙니다	

✿ 한 걸음 더!

~では와 ~じゃ는 언제나 바꿔 쓸 수 있나요?

명사, 형용사의 부정 표현에 나오는 ~では는 じゃ와 바꿔 쓸 수 있습니다. 어느 것을 쓰든 의미는 같습니다. 그러면 마음 내키는 대로 아무것이나 쓰면 될까요?

엄격하게 구분하면 ~では를 썼을 때와 ~じゃ를 썼을 때는 뉘앙스가 조금 다릅니다.

~じゃ는 구어체로서 ~では보다 짧고 말하기 편해서 일상 대화에 사용합니다. 문장에는 ~では를 쓰는 것이 원칙이지요.

또한 ~じゃ보다 ~では가 더 정중한 표현이기 때문에 많은 사람 앞에서 하는 발표, 강연에서는 ~じゃ가 아닌 ~では를 쓰는 편이 더 바람직합니다.

MEMO

✿ 히라가나, 가타카나는 다 외우셨나요?

히라가나

와	라	야	마	하	나	타	사	카	아
わ	ら	や	ま	は	な	た	さ	か	あ
	리		미	히	니	치	시	키	이
😄	り	😄	み	ひ	に	ち	し	き	い
오	루	유	무	후	누	츠	스	쿠	우
を	る	ゆ	む	ふ	ぬ	つ	す	く	う
	레		메	헤	네	테	세	케	에
😄	れ	😄	め	へ	ね	て	せ	け	え
ㅇ/ㄴ/ㅁ	로	요	모	호	노	토	소	코	오
ん	ろ	よ	も	ほ	の	と	そ	こ	お

가타카나

와	라	야	마	하	나	타	사	카	아
ワ	ラ	ヤ	マ	ハ	ナ	タ	サ	カ	ア
	리		미	히	니	치	시	키	이
😄	リ	😄	ミ	ヒ	ニ	チ	シ	キ	イ
오	루	유	무	후	누	츠	스	쿠	우
ヲ	ル	ユ	ム	フ	ヌ	ツ	ス	ク	ウ
	레		메	헤	네	테	세	케	에
😄	レ	😄	メ	ヘ	ネ	テ	セ	ケ	エ
ㅇ/ㄴ/ㅁ	로	요	모	호	노	토	소	코	오
ン	ロ	ヨ	モ	ホ	ノ	ト	ソ	コ	オ

탁음

바	다	자	가
ば	だ	ざ	が
비	지	지	기
び	ぢ	じ	ぎ
부	즈	즈	구
ぶ	づ	ず	ぐ
베	데	제	게
べ	で	ぜ	げ
보	도	조	고
ぼ	ど	ぞ	ご

반탁음

파
ぱ
피
ぴ
푸
ぷ
페
ぺ
포
ぽ

촉음(っ)

っ를 작게 써서 받침같은 역할

- K음 앞에서는 'ㄱ'
- P음 앞에서는 'ㅂ'
- T, S음 앞에서는 'ㄷ'

ん의 발음

글자의 뒤에 써서 받침같은 역할

- か, が 앞에서는 'ㅇ'
- さ, ざ, た, だ, な, ら 앞에서는 'ㄴ'
- ま, ば, ぱ 앞에서는 'ㅁ'
- 모음, は행 앞이나 단어의 끝에서는 'ㅇ과 ㄴ 중간음'

요음(ゃ·ゅ·ょ)

퍄	뱌	쟈	갸	랴	먀	햐	냐	챠	샤	캬
ぴゃ	びゃ	じゃ	ぎゃ	りゃ	みゃ	ひゃ	にゃ	ちゃ	しゃ	きゃ
퓨	뷰	쥬	규	류	뮤	휴	뉴	츄	슈	큐
ぴゅ	びゅ	じゅ	ぎゅ	りゅ	みゅ	ひゅ	にゅ	ちゅ	しゅ	きゅ
표	뵤	죠	교	료	묘	효	뇨	쵸	쇼	쿄
ぴょ	びょ	じょ	ぎょ	りょ	みょ	ひょ	にょ	ちょ	しょ	きょ

기본적인 인사말부터 알아볼까요?

아침	おはようございます	안녕하세요
점심	こんにちは	안녕하세요 / 안녕
저녁	こんばんは	안녕하세요 / 안녕

＊ こんにちは, こんばんは는 윗사람, 친구에게 모두 사용할 수 있습니다.
　친구나 아랫사람에게 아침 인사를 할 때는 'おはよう'라고만 말해도 됩니다.

ありがとうございます	감사합니다 (ありがとう 고마워)
ありがとうございました	감사했습니다
すみません	죄송합니다 (ごめん 미안해)
申し訳ございません	드릴 말씀이 없습니다

＊ すみません은 사과할 때뿐만 아니라 어쩔 수 없는 상황에서 양해를 구하거나
　길을 물어보려고 누군가에게 말을 걸 때 '잠시만요' 등 다양한 의미로 사용

＊ 申(もう)し訳(わけ)ございません은 정중한 사과의 표현으로서 주로 업무상
　의 실수나 잘못을 사과할 때 사용

はじめまして	처음 뵙겠습니다
よろしくお願(ねが)いします	잘 부탁드립니다
お先(さき)に失礼(しつれい)します	먼저 들어가 보겠습니다

Chapter 1
명사와 형용사의 활용

"부담 없이 시작하는 일본어"

한국어와 문장의 어순이 같은 일본어는
다른 언어에 비해 시작하기 쉽습니다.
명사, 형용사의 현재, 과거, 부정을 표현하는
문형의 특징을 이해하고 손으로 쓰면서 외워 보세요.

그럼, 가벼운 마음으로 시작해 볼까요?

일본어는 한국어와 기본 어순이 같아서 공부를 시작하기 쉽습니다. 먼저 명사의 현재,
과거, 부정 표현에 대해 알아봅니다.

평서체	학생이다	<ruby>学生<rt>がくせい</rt></ruby>だ
	학생이 아니다	学生ではない = 学生じゃない
	학생이었다	学生だった
	학생이 아니었다	学生ではなかった = 学生じゃなかった
경어체	학생입니다	学生です
	학생이 아닙니다	学生では(じゃ)ないです = 学生では(じゃ)ありません
	학생이었습니다	学生でした
	학생이 아니었습니다	学生では(じゃ)なかったです = 学生では(じゃ)ありませんでした
명사 수식	학생의~	学生の

▶ **명사 뒤에 현재, 과거 등을 뜻하는 문형을 연결하면 바로 하나의 문장이 됩니다.**
부정 표현에 나오는 では는 じゃ로 바꿔 쓰기도 합니다.

だ ~이다
ではない ~가 아니다
です ~입니다
ではないです(=ではありません) ~가 아닙니다
ではなかったです(=ではありませんでした) ~가 아니었습니다

だった ~이었다
ではなかった ~가 아니었다
でした ~이었습니다

▶ **명사와 명사 사이에는 の를 씁니다. の는 '~의'라는 소유격 조사로도 쓰이고 특별한**
의미 없이 단순히 연결하는 역할을 하기도 합니다.

예 学生のカバン 학생의 가방   <ruby>青<rt>あお</rt></ruby>のカバン 파란색 가방

▶ **의문문 - 평서체는 끝에 ? 또는 の?를 붙입니다. 단, 현재 긍정(기본형)의 경우 끝의**
だ를 빼고 ? 또는 なの?를 붙입니다. 경어체는 끝에 か。를 붙입니다.

예 学生? 학생?   学生なの? 학생인거야?   学生でしたか。학생이었어요?

앞에 나온 표를 보면서 아래 빈칸을 채워보세요

꽃이다	<ruby>花<rt>はな</rt></ruby>だ
꽃이 아니다	
꽃이었다	
꽃이 아니었다	
꽃입니다	
꽃이 아닙니다	
꽃이었습니다	
꽃이 아니었습니다	

정답 花ではない, 花だった, 花ではなかった, 花です, 花ではないです(=花ではありません),
花でした, 花ではなかったです(=花ではありませんでした)

다음 문장을 완성해 보세요

~は ~은/는	<ruby>何<rt>なん</rt></ruby> 무엇	<ruby>会社員<rt>かいしゃいん</rt></ruby> 회사원	<ruby>冬<rt>ふゆ</rt></ruby> 겨울
<ruby>雨<rt>あめ</rt></ruby> 비	<ruby>本<rt>ほん</rt></ruby> 책	うそ 거짓말	

これは ....。

이것은 무엇입니까?

<ruby>彼<rt>かれ</rt></ruby>は ....。

그는 회사원이었다.

<ruby>韓国<rt>かんこく</rt></ruby>は ....。

한국은 겨울이에요.

<ruby>昨日<rt>きのう</rt></ruby>は ....。

어제는 비였어요(= 비가 왔어요).

これは<ruby>私<rt>わたし</rt></ruby>の ....。

이것은 제 책이 아닙니다.

それは ....。

그것은 거짓말이 아니었다.

정답 何ですか, 会社員だった, 冬です, 雨でした, 本ではありません, うそではなかった

15

자연스러운 대화 속에서의 명사 (밑줄 부분에 문장을 따라 써 보세요)

妹 여동생　まだ 아직　去年 작년　～まで ~까지　今 지금　会社員 회사원

(오랜만에 만난 두 친구의 대화 중)

A : 妹はまだ学生なの？ ....
いもうと　　　　がくせい
여동생은 아직 학생이야?

B : 去年まで学生だった。今は会社員。 ....
きょねん　　　　がくせい　　　　　　いま　かいしゃいん
작년까지 학생이었어. 지금은 회사원.

꼭 외워야 할 명사

何 무엇 (なん/なに)	これ 이것	それ 그것	あれ 저것
私 나, 저 (わたし)	あなた 너, 당신	彼 그(남자) (かれ)	彼女 그녀 (かのじょ)
お母さん 어머니 (かあ)	お父さん 아버지 (とう)	娘 딸 (むすめ)	息子 아들 (むすこ)
弟 남동생 (おとうと)	妹 여동생 (いもうと)	姉 언니·누나 (あね)	兄 오빠·형 (あに)
おばあさん 할머니	おじいさん 할아버지	おばさん 아주머니	おじさん 아저씨
春 봄 (はる)	夏 여름 (なつ)	秋 가을 (あき)	冬 겨울 (ふゆ)
ご飯 밥·식사 (はん)	朝 아침 (あさ)	昼 점심 (ひる)	夜 저녁 (よる)
週末 주말 (しゅうまつ)	昨日 어제 (きのう)	今日 오늘 (きょう)	明日 내일 (あした)
車 자동차 (くるま)	電車 전철 (でんしゃ)	バス 버스	タクシー 택시
学校 학교 (がっこう)	先生 선생님 (せんせい)	教授 교수 (きょうじゅ)	学生 학생 (がくせい)
会社 회사 (かいしゃ)	会社員 회사원 (かいしゃいん)		

▶ 단어 연습장 36 페이지

16

테스트 다음 괄호에 들어갈 표현을 골라 보세요

1. 그것은 거짓말이 아니야. それは(　　　　　　　　　　　　　　　　　)

① うそではありません。　　　② うそです。

③ うそではない。　　　④ うそじゃなかった。

2. 지금 한국은 겨울인가요? 今、韓国は(　　　　　　　　　　　　　　　)

① 冬<ruby>ふゆ</ruby>なの?　　　② 冬ですか。

③ 冬だった?　　　④ 冬ではありませんか。

3. 어제도 비였다(= 비가 왔다). 昨日<ruby>きのう</ruby>も(　　　　　　　　　　　　　)

① 雨<ruby>あめ</ruby>です。　　　② 雨ではない。

③ 雨でした。　　　④ 雨だった。

정답 1. ③　2. ②　3. ④

🌸 **한 걸음 더!**

기억해 두어야 할 부모님에 대한 호칭

일본어를 처음 배울 때 어머니는 お母<ruby>かあ</ruby>さん, 아버지는 お父<ruby>とう</ruby>さん이라고 배웁니다. 그리고 부모님은 ご両親<ruby>りょうしん</ruby>이라고 하지요. 하지만 이것은 다른 사람의 부모님을 말할 때 쓰고, 자신의 부모님에게는 쓰지 않습니다.

자신의 부모님에 대해 이야기할 때는 父<ruby>ちち</ruby>(아버지), 母<ruby>はは</ruby>(어머니), 親<ruby>おや</ruby>(부모님)라고 합니다. 어릴 때는 ママ(엄마), パパ(아빠)라고 말하기도 하지요. 남의 부모님을 말할 때와 나의 부모님을 말할 때의 호칭이 다르다는 점을 꼭 기억해 두세요.

い형용사의 활용

일본어 형용사는 い형용사와 な형용사 두 종류가 있습니다. 먼저 끝이 い로 끝나는 い형용사의 활용에 대해 알아 봅니다.

평서체	높다	高^{たか}い
	높지 않다	高くない
	높았다	高かった
	높지 않았다	高くなかった
경어체	높습니다	高いです
	높지 않습니다	高くないです = 高くありません
	높았습니다	高かったです
	높지 않았습니다	高くなかったです = 高くありませんでした
명사 수식	높은	高い

▶ **い의 앞부분을 어간, い를 어미라고 합니다. 활용에서는 어미 부분이 변화됩니다. い형용사는 기본형과 명사를 수식할 때의 형태가 같습니다.**

예 高い 높다   高^{たか}い山^{やま} 높은 산   低^{ひく}い 낮다   低^{ひく}い山^{やま} 낮은 산

▶ **부정 표현에서는 어미 い가 く로 바뀝니다.**

      +
ない	=	高くない
なかった		高くなかった
ないです		高くないです
なかったです		高くなかったです

▶ **경어체는 평서체 뒤에 です를 붙여서 만들 수 있습니다.**

예 高い ➡ 高いです   高かった ➡ 高かったです

高くない ➡ 高くないです   高くなかった ➡ 高くなかったです

▶ **의문문 : 평서체는 끝에 ? 또는 の?를, 경어체는 뒤에 か。를 붙입니다.**

예 高い？ 높아?   高くないの？ 높지 않아?   高いですか。 높습니까?

크다	大きい
크지 않다	
컸다	
크지 않았다	
큽니다	
크지 않습니다	
컸습니다	
크지 않았습니다	
큰	

정답 大きくない, 大きかった, 大きくなかった, 大きいです, 大きくないです(=大きくありません), 大きかったです, 大きくなかったです(=大きくありませんでした), 大きい

다음 문장을 완성해 보세요

辛い 맵다　　　楽しい 즐겁다　　　寒い 춥다　　　高い 비싸다
暑い 덥다　　　~には ~에는

キムチは ....。　　　昨日は ....?

김치는 매웠어요.　　　어제는 즐거웠어?

韓国は ....。　　　日本は ....。

한국은 춥나요?　　　일본은 춥지 않습니다.

カバンは ....。　　　..................................日にはプールが最高。

가방은 비싸지 않았어.　　　더운 날에는 수영장이 최고.

정답 辛かったです, 楽しかった, 寒いですか, 寒くないです, 高くなかった, 暑い

映画 영화   どう 어떠하다, 어떻게   面白い 재미있다   怖い 무섭다   あまり 별로

(공포 영화를 보고 온 동료에게)

A : 映画はどうでしたか？
えいが
영화는 어땠어요?

B : 面白かったです。
おもしろ
재미있었어요.

A : 怖くありませんか。
こわ
무섭지 않아요?

B : あまり怖くなかったです。
こわ
별로 무섭지 않았어요.

🎏 꼭 외워야 할 **い형용사**

高い 비싸다 たか	安い 싸다 やす	高い 높다 たか	低い 낮다 ひく
大きい 크다 おお	小さい 작다 ちい	重い 무겁다 おも	軽い 가볍다 かる
厚い 두껍다 あつ	薄い 얇다 うす	いい 좋다	悪い 나쁘다 わる
難しい 어렵다 むずか	易しい 쉽다 やさ	おいしい 맛있다	まずい 맛없다
熱い 뜨겁다 あつ	冷たい 차갑다 つめ	嬉しい 기쁘다 うれ	悲しい 슬프다 かな
楽しい 즐겁다 たの	怖い 무섭다 こわ	面白い 재미있다 おもしろ	つまらない 재미없다
暑い 덥다 あつ	寒い 춥다 さむ	暖かい 따뜻하다 あたた	涼しい 시원하다 すず

ない 없다

▶ 단어 연습장 38 페이지

🐾 いい의 한자는 良い로서 よい라고 읽기도 합니다. よくない(좋지 않다)와 같이 부정 표현에서는 よ로 읽습니다. / 高い에는 '비싸다'와 '높다'라는 두 가지 의미가 있습니다. / 暑い, 熱い, 厚い는 모두 あつい 라고 읽지만 한자가 다릅니다.

테스트 다음 괄호에 들어갈 표현을 골라 보세요

1. 쿠키가 맛있었어요. クッキーが(   )。

① おいしい   ② おいしかったです

③ おいしいです   ④ おいしくありません

2. 한국은 추워요. 일본은 춥지 않았어요.

韓国_{かんこく}は(   )。 日本_{にほん}は(   )。

① 寒_{さむ}くありません   ② 寒いです

③ 寒くありませんでした   ④ 寒かったです

정답 1. ②   2. ②, ③

♣ **한 걸음 더!**

악센트에 따라 의미가 달라지는 일본어

일본어 단어는 각 글자의 높낮이에 따라 의미가 달라집니다.

예를 들어 '비(雨)'와 '사탕(飴)'은 둘 다 あめ라고 읽습니다. 하지만 하늘에서 내리는 비는 あ를 높게, め를 낮게 말하고 사탕은 あ를 낮게, め를 높게 말해야 합니다. 악센트를 틀리면 '비가 내린다'라는 말이 '사탕이 내린다'라는 말로 들릴 수도 있습니다.

あめ	あめ	かき	かき
비(雨)	사탕(飴)	굴(牡蠣)	감(柿)

실제 대화에서는 외국인이 악센트를 틀려도 전후 내용을 듣고 단어의 의미를 제대로 이해해 주는 사람들이 많지만, 악센트를 정확히 하지 않으면 구분하기 어려운 단어들도 있으니 주의해야 합니다. 단어를 외울 때는 사전에서 악센트도 꼭 확인해 보세요.

3일차 な형용사의 활용

기본형은 ~だ로 끝나지만 명사를 수식할 때 ~な의 형태가 되기 때문에 'な형용사'라고 부르며 명사와 활용법이 비슷합니다.

	좋아하다	好きだ
평서체	좋아하지 않다	好きでは(じゃ)ない
	좋아했다	好きだった
	좋아하지 않았다	好きでは(じゃ)なかった
경어체	좋아합니다	好きです
	좋아하지 않습니다	好きでは(じゃ)ないです = 好きでは(じゃ)ありあせん
	좋아했습니다	好きでした
	좋아하지 않았습니다	好きでは(じゃ)なかったです = 好きでは(じゃ)ありませんでした
명사 수식	좋아하는	好きな

▶ **기본형에서 だ의 앞부분을 어간, だ를 어미라고 부르며 활용할 때는 어미 부분이 변화됩니다.** 예 好きだ(좋아하다) : 好き가 어간, だ가 어미

▶ **명사를 수식할 때는 어미 だ를 빼고 な를 붙입니다.**

好きだ → な + 車 = 好きな車
좋아하다　　　자동차　　　좋아하는 자동차

▶ **부정 표현에서 어간 뒤의 では는 じゃ로 바꿔 쓸 수 있습니다.**
예 好きではない = 好きじゃない　　好きではないです = 好きじゃないです

▶ **경어체는 평서체 뒤에 です를 붙여서 만들 수 있습니다.**
예 好きです　　　　　好きではないです　　　　　好きではなかったです

▶ **의문문 : 평서체는 끝에 ? 또는 の를 붙입니다. 단, 현재 긍정(기본형)의 경우 だ를 뺀 어간에 ? 또는 なの?를 붙입니다. 경어체는 끝에 か。를 붙입니다.**
예 好き? 좋아?　　　　好きなの? 좋아하니?　　　　好きだった? 좋아했어?
好きでしたか。좋아했었나요?

앞에 나온 표를 보면서 아래 빈칸을 채워보세요

유명하다	有名^{ゆうめい}だ
유명하지 않다	
유명했다	
유명하지 않았다	
유명합니다	
유명하지 않습니다	
유명했습니다	
유명하지 않았습니다	
유명한	

정답 有名ではない, 有名だった, 有名ではなかった, 有名です, 有名ではないです(=有名ではありません), 有名でした, 有名ではなかったです(=有名ではありませんでした), 有名な

다음 문장을 완성해 보세요

大変^{たいへん}だ 힘들다　　　好^すきだ 좋아하다　　　元気^{げんき}だ 건강하다

すてきだ 멋있다　　　静^{しず}かだ 조용하다　　　真面目^{まじめ}だ 성실하다

昨日^{きのう}は ....。

어제는 힘들었다.

お母^{かあ}さんは ....。

어머님은 건강하신가요?

最近^{さいきん}は .... 歌^{うた}が ....。

요즘은 조용한 노래가 좋다.

野菜^{やさい}は ....。

야채는 좋아하지 않습니다.

あまり ....。

별로 멋있지 않았어요.

彼^{かれ}は ....。

그는 성실하지 않다.

정답 大変だった, 好きではありません, 元気ですか, すてきではありませんでした, 静かな, 好きだ, 真面目じゃない

자연스러운 대화 속에서의 な형용사

昨日 어제	店 가게	どう 어떠하다	おいしい 맛있다	~けど ~(이)지만
親切だ 친절하다		サービス 서비스	大事だ 중요하다	~のに ~인데

(전날에 처음 가본다는 가게에 다녀온 친구)

A : 昨日の店はどうだった？ ···
　　어제(갔던) 가게는 어땠어?

B : おいしかったけど親切じゃなかった。 ·································
　　맛있었지만 친절하지 않았어.

A : そう？サービスが大事なのに。 ···
　　그래? 서비스가 중요한데.

꼭 외워야 할 な형용사

好きだ 좋아하다	嫌いだ 싫어하다	上手だ 잘한다	下手だ 잘 못한다
大変だ 힘들다	大丈夫だ 괜찮다	楽だ 편하다	不便だ 불편하다
簡単だ 간단하다	無理だ 무리다	派手だ 화려하다	地味だ 수수하다
安心だ 안심이다	心配だ 걱정이다	静かだ 조용하다	にぎやかだ 번화하다
有名だ 유명하다	立派だ 훌륭하다	すてきだ 멋지다	きれいだ 예쁘다
真面目だ 성실하다	元気だ 건강하다	面倒だ 귀찮다	迷惑だ 민폐다

▶ 단어 연습장 39 페이지

🐾 好きだ, 嫌いだ, 上手だ, 下手だ의 경우, 한국어에서는 '~을/를 좋아하다'와 같이 조사 '~을/를'을 쓰지만 일본어에서는 '~이/가'라는 의미의 조사 が를 씁니다.

🐾 な형용사의 어간만을 보면 명사와 비슷하고 부정, 과거 표현 등 활용법도 비슷하지만, 명사는 사물의 명칭에 해당하는 말이고 な형용사는 어떤 '상태', '상황'을 설명하는 단어입니다.

테스트 다음 괄호에 들어갈 표현을 골라 보세요

1. 어제는 별로 힘들지 않았다. 昨日はあまり(きのう   )。

① 大変だ   ② 大変ではありません

③ 大変でした   ④ 大変じゃなかった

2. 지금은 건강해요. 옛날에는 건강하지 않았어요.

今は(いま   )。昔は(むかし   )。

① 元気ではない   ② 元気じゃありませんでした

③ 元気です   ④ 元気でした

정답 1. ④   2. ③, ②

🌸 **한 걸음 더!**

~では와 ~じゃ는 언제나 바꿔 쓸 수 있나요?

명사, 형용사의 부정 표현에 나오는 ~では는 じゃ와 바꿔 쓸 수 있습니다. 어느 것을 쓰든 의미는 같습니다. 그러면 마음 내키는 대로 아무것이나 쓰면 될까요?

엄격하게 구분하면 ~では를 썼을 때와 ~じゃ를 썼을 때는 뉘앙스가 조금 다릅니다.

~じゃ는 구어체로서 ~では보다 짧고 말하기 편해서 일상 대화에 사용합니다. 문장에는 ~では를 쓰는 것이 원칙이지요.

또한 ~じゃ보다 ~では가 더 정중한 표현이기 때문에 많은 사람 앞에서 하는 발표, 강연에서는 ~じゃ가 아닌 ~では를 쓰는 편이 더 바람직합니다.

い형용사, な형용사가 다른 단어들과 연결될 때의 형태를 알아봅니다. 이와 함께 형용사를 활용한 문형도 살펴봅니다.

	い형용사		な형용사	
~하게 / ~히	高_{たか}く	높게 / 높이	静_{しず}かに	조용하게 / 조용히
~해서 / ~이고	高くて	높고 / 높아서	静かで	조용하고 / 조용해서
~이겠지 ~일 것이다	高いだろう	높겠지	静かだろう	조용하겠지
~이겠지요 ~일 것입니다	高いでしょう	높겠지요	静かでしょう	조용하겠지요

▶ **~하게 : い형용사는 어미 い → く, な형용사는 어미 だ → に**

예 安_{やす}い 싸다 ➡ 安く 싸게   おいしい 맛있다 ➡ おいしく 맛있게

　　楽_{らく}だ 편하다 ➡ 楽に 편하게   親切_{しんせつ}だ 친절하다 ➡ 親切に 친절하게

▶ **い형용사의 어미 い를 くて로, な형용사의 어미 だ를 で로 바꾼 것을 '형용사의 て형'**
이라고 합니다. '~하고' 또는 '~해서'라는 의미입니다.

安_{やす}い ➡ 安くて
싸다　　싸고
　　　　싸서

好きだ ➡ 好きで
좋아하다　좋아하고
　　　　　좋아해서

▶ **だろう & でしょう : い형용사는 기본형에, な형용사는 어간에 붙입니다. 자신의 추**
측을 표현할 때 사용하는 문형으로서 だろう는 평서체, でしょう는 경어체입니다.
だろう는 주로 남성이 사용합니다.

예 寒_{さむ}いだろう 춥겠지　　寒いでしょう 춥겠지요

　　大変_{たいへん}だろう 힘들겠지　　大変でしょう 힘들겠지요

앞에 나온 표를 보면서 아래 빈칸을 채워보세요

	い형용사	な형용사
제시어	おいしい (맛있다)	かんたん 簡単だ (간단하다)
~하게 / ~히		
~해서 / ~이고		
~이겠지 ~일 것이다		
~이겠지요 ~일 것입니다		

정답 おいしく, おいしくて, おいしいだろう, おいしいでしょう, 簡単に, 簡単で, 簡単だろう, 簡単
でしょう

다음 문장을 완성해 보세요

あま
甘い 달다   　　　しず
静かだ 조용하다   　　　しんせつ
親切だ 친절하다

おいしい 맛있다   　　　さむ
寒い 춥다   　　　だいじょうぶ
大丈夫だ 괜찮다

スイカが .... おいしい。 　　　.. しなさい。

수박이 달고 맛있다. 　　　조용히 하세요.

かのじょ
彼女は .... きれいだ。 食べ物が .... しあわ
幸せだった。

그녀는 친절하고 예쁘다. 　　　음식이 맛있어서 행복했다.

きょう
今日も ....。 ここは ....。

오늘도 춥겠지. 　　　여기는 괜찮겠죠.

정답 甘くて, 静かに, 親切で, おいしくて, 寒いだろう, 大丈夫でしょう

27

うるさい 시끄럽다	おじさん 아저씨	~たち ~들	声 목소리
大きい 크다	自分たち 본인들	たのしい 즐겁다	でも 하지만
周りには 주변에는	迷惑だ 민폐다		

(술에 취해 전철에서 시끄럽게 떠드는 아저씨들을 보며)

A : うるさいですね。
시끄럽네요.

B : おじさんたちの声が大きくて…
아저씨들 목소리가 커서….

A : 自分たちは楽しいでしょう。
본인들은 즐겁겠죠.

B : でも周りには迷惑ですね。
하지만 주변에는 민폐네요.

테스트 다음 괄호에 들어갈 표현을 골라 보세요

1. 그녀는 예쁘고 친절했다. 彼女は(　　　　　　　　　　)親切だった。

① きれいだ
② きれいだった
③ きれいで
④ きれいでしょう

2. 내일도 춥겠지요. 明日も(　　　　　　　　　　　　)。

① 寒いでしょう
② 寒いだろう
③ 寒いです
④ 寒くないでしょう

정답 1. ③　2. ①

い형용사, な형용사의 명사형 만들기

형용사는 형태를 살짝 바꾸어 명사로 만들 수 있습니다. '높다'의 명사는 '높이', '즐겁다'의
명사는 '즐거움'이 되는 것과 비슷합니다. 다음과 같이 명사형 만드는 연습을 해봅니다.

> **い형용사 : 끝의 い를 さ로 바꿉니다.**
> **な형용사 : 끝의 だ를 さ로 바꿉니다.**

단, な형용사의 명사형은 종종 '~한 정도'로 번역됩니다. 大変だ(힘들다)의 명사형인 大
変さ는 '힘듦'이 아닌 '힘든 정도'라는 의미로 쓰이는 경우가 많습니다.

い형용사			
크다	おお 大きい	크기	
무겁다	おも 重い	무게	
덥다	あつ 暑い	더위	
춥다	さむ 寒い	추위	

な형용사			
불편하다	ふべん 不便だ	불편함, 불편한 정도	
간단하다	かんたん 簡単だ	간단함, 간단한 정도	
조용하다	しず 静かだ	조용함, 조용한 정도	
친절하다	しんせつ 親切だ	친절함, 친절한 정도	

정답 大きさ, 重さ, 暑さ, 寒さ, 不便さ, 簡単さ, 静かさ, 親切さ

일본어 '조사'의 종류와 주의할 점

~が '~이/가'. 문장의 주어를 나타내는 주격 조사입니다.

~は '~은/는'. 여러 개 중 하나를 말할 때 쓰는 주격 조사입니다.

~も 명사에 붙이면 '~도', 숫자 등에 붙으면 '~(이)나'가 됩니다.

　예 私も 나도, 100人も 100명이나,　1時間も 1시간이나

~と '~와 함께'의 '~와', '~라고 말하다'의 '~라고'에 해당합니다.

~を '~을/를'. 행위의 대상을 나타내는 목적격 조사입니다.

~の '~의'라는 소유격 조사로도 쓰이고 특별한 의미 없이 명사와 명사 사이를 연결하는 역할을 하기도 합니다.

~に 장소를 나타내는 '~에', 행위의 대상을 나타내는 '~에게'라는 의미로 사용됩니다.

~で 장소를 뜻하는 '~에서', 수단을 뜻하는 '~으로'에 해당합니다.

~から 행동이나 시간의 출발점을 뜻하는 '~부터', 무언가를 받은 상대나 출처를 말하는 '~로부터' 등의 의미로 사용됩니다.

🐾 주의

한국어에서는 '~을/를'을 쓰지만 일본어에서는 관용적으로 を가 아닌 다른 조사를 쓰는 표현들이 있습니다. 예를 들어 '좋아하다(好きだ)'라고 말할 때 한국어에서는 '~을 좋아하다'라고 하지만 일본어에서는 好きだ 앞에 を가 아닌 が를 씁니다. 앞으로 배울 동사에서는 '~을 알다'라는 分かる, '~을 할 수 있다'라는 できる의 앞에도 を가 아닌 が를 씁니다.

또한 '(버스, 자동차 등) ~을 타다'라는 乗る의 앞에는 を가 아닌 に를 쓰는 등 한국어와 쓰임이 다른 경우가 있으니 주의해야 합니다.

MEMO

Review 명사와 형용사의 활용

명사와 형용사의 활용 내용을 다시 한 번 확인하며 복습합니다.　　▶ 정답은 35 페이지

▶ **명사의 활용 복습하기**

여름이다	<ruby>夏<rt>なつ</rt></ruby>だ
여름이 아니다	
여름이었다	
여름이 아니었다	
여름입니다	
여름이 아닙니다	
여름이었습니다	
여름이 아니었습니다	

▶ **명사를 시제, 의미에 맞게 바꾸고 다른 단어들과 조합해 문장을 만드세요**

1. 그는 선생님이 아니었다. (<ruby>先生<rt>せんせい</rt></ruby>, は, <ruby>彼<rt>かれ</rt></ruby>)

....

2. 이것은 제 자동차가 아닙니다. (<ruby>車<rt>くるま</rt></ruby>, 私, は, の, これ)

....

3. 남동생은 아직 학생이다. (<ruby>学生<rt>がくせい</rt></ruby>, まだ(아직), は, <ruby>弟<rt>おとうと</rt></ruby>)

....

▶ い형용사의 활용 복습하기

춥다	<ruby>寒<rt>さむ</rt></ruby>い
춥지 않다	
추웠다	
춥지 않았다	
춥습니다	
춥지 않습니다	
추웠습니다	
춥지 않았습니다	
추운	

▶ 형용사를 시제, 의미에 맞게 바꾸고 다른 단어들과 조합해 문장을 만드세요

1. 일본은 정말로 더웠습니다. (<ruby>暑<rt>あつ</rt></ruby>い, は, <ruby>日本<rt>にほん</rt></ruby>, <ruby>本当<rt>ほんとう</rt></ruby>に)

....

2. 이 가방, 비싸지 않았어. (<ruby>高<rt>たか</rt></ruby>い, カバン, この)

....

3. 그 영화는 무섭지 않았어요. (<ruby>怖<rt>こわ</rt></ruby>い, は, <ruby>映画<rt>えいが</rt></ruby>, あの)

....

● な형용사의 활용 복습하기

예쁘다	きれいだ
예쁘지 않다	
예뻤다	
예쁘지 않았다	
예쁩니다	
예쁘지 않습니다	
예뻤습니다	
예쁘지 않았습니다	
예쁜	

● 형용사를 시제, 의미에 맞게 바꾸고 다른 단어들과 조합해 문장을 만드세요

1. 그는 성실하지 않다. (真面目だ, は, 彼)

....

2. 그는 멋지고 친절했다. (すてきだ, 親切だ, は, 彼)

....

3. 나는 조용한 노래가 좋다. (静かだ, 好きだ, が, 歌(노래), 私, は)

....

⏵ い・な 형용사의 활용 복습하기

	た の 楽しい (즐겁다)	ま じ め 真面目だ (성실하다)
~하게 / ~히		
~해서 / ~이고		
~이겠지 ~일 것이다		
~이겠지요 ~일 것입니다		

Review 정답

명사

夏ではない, 夏だった, 夏ではなかった, 夏です, 夏ではないです(=夏ではありません), 夏でした, 夏ではなかったです(=夏ではありませんでした)

1. 彼は先生ではなかった　2. これは私の車ではないです　3. 弟はまだ学生だ

い형

寒くない, 寒かった, 寒くなかった, 寒いです, 寒くないです(=寒くありません), 寒かったです, 寒くなかったです(=寒くありませんでした), 寒い

1. 日本は本当に暑かったです　2. このカバン、高くなかった　3. あの映画は怖くありませんでした

な형

きれいではない, きれいだった, きれいではなかった, きれいです, きれいではないです(=きれいではありません), きれいでした, きれいではなかったです(=きれいではありませんでした)

1. 彼は真面目ではない。　2. 彼はすてきで親切だった。　3. 私は静かな歌が好きだ。

활용

楽しく, 楽しくて, 楽しいだろう, 楽しいでしょう
真面目に, 真面目で, 真面目だろう, 真面目でしょう

단어 연습장 명사 & 형용사

단어를 외우지 않으면 문법과 회화 모두 실력이 늘기 어렵습니다. 정확하게 반복해서 쓰면서 외워 보세요.

명사

何 なん/なに 무엇		娘 むすめ 딸	
これ 이것		息子 むすこ 아들	
それ 그것		弟 おとうと 남동생	
あれ 저것		妹 いもうと 여동생	
私 わたし 나, 저		姉 あね 언니, 누나	
あなた 너, 당신		兄 あに 오빠, 형	
彼 かれ 그(남자)		おばあさん 할머니	
彼女 かのじょ 그녀		おじいさん 할아버지	
お母さん かあ 어머니		おばさん 아주머니	
お父さん とう 아버지		おじさん 아저씨	

春 はる 봄		**車** くるま 자동차	
夏 なつ 여름		**電車** でんしゃ 전철	
秋 あき 가을		**バス** 버스	
冬 ふゆ 겨울		**タクシー** 택시	
ご飯 はん 밥, 식사		**学校** がっこう 학교	
朝 あさ 아침		**先生** せんせい 선생님	
昼 ひる 점심		**教授** きょうじゅ 교수	
夜 よる 저녁		**学生** がくせい 학생	
週末 しゅうまつ 주말		**会社** かいしゃ 회사	
昨日 きのう 어제		**会社員** かいしゃいん 회사원	
今日 きょう 오늘		**明日** あした 내일	

高い たか 비싸다, 높다		冷たい つめ 차갑다	
安い やす 싸다		嬉しい うれ 기쁘다	
低い ひく 낮다		悲しい かな 슬프다	
大きい おお 크다		楽しい たの 즐겁다	
小さい ちい 작다		怖い こわ 무섭다	
重い おも 무겁다		面白い おもしろ 재미있다	
軽い かる 가볍다		つまらない 재미없다	
難しい むずか 어렵다		暑い あつ 덥다	
易しい やさ 쉽다		寒い さむ 춥다	
おいしい 맛있다		暖かい あたた 따뜻하다	
まずい 맛없다		涼しい すず 시원하다	
熱い あつ 뜨겁다		ない 없다	

好きだ す 좋아하다		**安心だ** あんしん 안심이다	
嫌いだ きら 싫어하다		**心配だ** しんぱい 걱정이다	
上手だ じょうず 잘한다		**静かだ** しず 조용하다	
下手だ へ た 잘 못한다		**にぎやかだ** 번화하다	
大変だ たいへん 힘들다		**有名だ** ゆうめい 유명하다	
大丈夫だ だいじょうぶ 괜찮다		**立派だ** りっぱ 훌륭하다	
楽だ らく 편하다		**すてきだ** 멋있다	
不便だ ふ べん 불편하다		**きれいだ** 예쁘다	
簡単だ かんたん 간단하다		**真面目だ** ま じ め 성실하다	
無理だ む り 무리다		**元気だ** げんき 건강하다	
派手だ は で 화려하다		**面倒だ** めんどう 귀찮다	
地味だ じ み 수수하다		**迷惑だ** めいわく 민폐다	

MEMO

Chapter 2
동사의 종류와 기본 활용

"일본어 공부의 첫 번째 고비"

한국어와 비슷해서 부담없이 시작했던 일본어를
포기하고 싶어지는 첫 번째 고비는 바로 '동사'입니다.
하지만 복잡해 보이는 동사의 종류와 활용법도
차분히 따라 쓰다 보면 자연스럽게 외워집니다.

동사만 완벽하게 이해하면 문법의 절반은 끝나는 셈이니
자신있게 시작해 보세요.

일본어의 동사는 형태에 따라 1그룹, 2그룹, 3그룹으로 구분합니다. 활용법을 배우기 전에 먼저 동사 구분법을 확실히 외워 두세요.

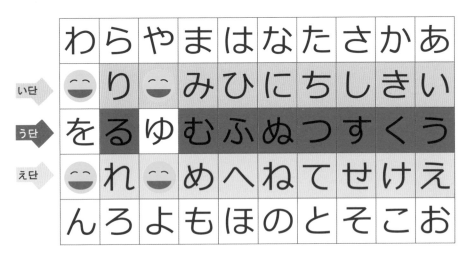

⮕ 동사는 형태에 따라 **1그룹, 2그룹, 3그룹**의 세 종류로 구분됩니다. 이외에 활용법이 예외적인 '**예외 1그룹**' 동사가 있습니다.

⮕ 위의 히라가나 표를 참고하면서 아래의 내용을 가볍게 읽어 본 후 다음 페이지에 나오는 **구분 요령**을 여러 번 반복해 확실하게 이해합니다.

1그룹	① 어미가 る로 끝나고 る앞이 あ, う, お 단인 동사 ② 어미가 る 이외의 う단 음으로 끝나는 동사 (う·つ·る·ぬ·む·ぶ·く·ぐ·す)
2그룹	어미가 る로 끝나고 る 앞이 い단, え단인 동사
3그룹	불규칙 동사 : する(하다), 来る(오다)
예외 1그룹	형태는 2그룹 동사와 동일하지만, 활용할 때는 1그룹 규칙에 따르는 동사 **예** 帰る(돌아가다), 切る(자르다), 入る(들어가다) 등

🐟 동사의 그룹을 구분하는 요령은?

일본어의 동사는 모두 う단으로 끝납니다

예 買う 사다 待つ 기다리다 飲む 마시다 話す 말하다 …

동사를 구분할 때는 1그룹 동사의 조건이 가장 복잡하기 때문에 3그룹 → 2그룹 → 1그룹의 순서로 외우는 방법을 추천합니다

① 3그룹 동사는 **する**와 **来る**밖에 없습니다.

② 2그룹 동사는 **る로 끝나고 る 앞에 い단, 또는 え단**의 글자가 나옵니다.

> **い단** い, き, し, ち 등 한국어 '이'와 같은 모음으로 발음되는 글자
>
> **え단** え, け, せ, て 등 한국어 '에'와 같은 모음으로 발음되는 글자
>
> 예 見る(みる) 보다 食べる(たべる) 먹다 …

③ 2, 3그룹 동사를 제외한 모든 동사가 1그룹에 해당합니다.

> 예 終わる 끝나다 買う 사다 行く 가다 話す 말하다 …

'예외 1그룹' 동사란, 형태는 2그룹 동사와 같지만 이후에 나오는 '동사의 활용'에서 2그룹이 아닌 1그룹 규칙을 따르는 동사입니다.

'예외 1그룹' 동사는 공부하면서 나올 때마다 하나씩 천천히 외우면 됩니다.

> 예 切る 자르다 知る 알다 走る 달리다 帰る 돌아가다 …

➡ 동사가 나오면 다음 순서대로 생각해 보세요.

3그룹인가?	2그룹인가?	둘 다
する 또는 来る인가?	る로 끝났나? る 앞이 い단, 또는 え단인가?	아니라면 1그룹

도표를 통해 동사 구분해 보기

か
買う(사다)

み
見る(보다)

の
乗る(타다)

き
聞く(듣다)

く
来る(오다)

위의 동사를 아래 도표를 통해 1, 2, 3 그룹 중 어디에 해당하는지 구분해 적어 보세요.

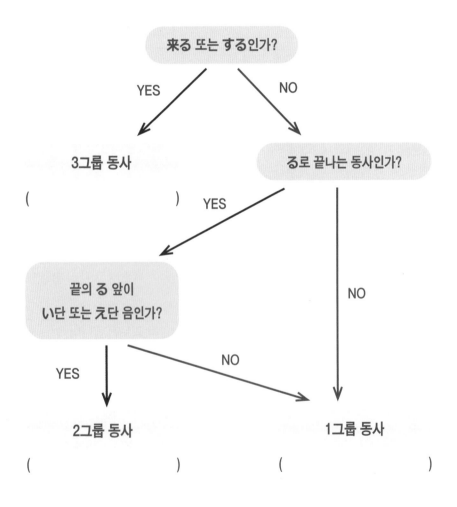

来る 또는 する인가?

YES → **3그룹 동사** ( )

NO → **る로 끝나는 동사인가?**

YES → **끝의 る 앞이 い단 또는 え단 음인가?**

NO → **1그룹 동사** ( )

YES → **2그룹 동사** ( )

NO → **1그룹 동사** ( )

정답 買う 1그룹, 見る 2그룹, 乗る 1그룹, 聞く 1그룹, 来る 3그룹

44

꼭 외워야 할 기본 동사

買う 사다	売る 팔다	言う 말하다	聞く 듣다/묻다
来る 오다	行く 가다	書く 쓰다	読む 읽다
乗る 타다	降りる 내리다	寝る 자다	起きる 일어나다
会う 만나다	別れる 헤어지다	習う 배우다	教える 가르치다
する 하다	作る 만들다	ある 있다(무생물)	いる 있다(생물)
待つ 기다리다	話す 이야기하다	思う 생각하다	考える 생각하다

▶ 단어 연습장 76 페이지

* あると いる : 일본어에서는 '~가 있다'라는 표현을 할 때 사람, 동물과 같이 살아 있는 생물에는 いる, 책상, 책 등 무생물에는 ある를 씁니다.

* 思うと 考える : 思う는 개인적인 느낌이나 감상을 말할 때 주로 쓰고 考える는 논리적인 내용을 말할 때 주로 사용합니다.

예 あの人、どう思う? 저 사람 어떻게 생각해? 問題の答えを考える。 문제의 답을 생각하다.

테스트 위에 나온 동사들을 1, 2, 3 그룹으로 구분해 보세요

1그룹

2그룹

3그룹

정답 1그룹 買う, 売る, 言う, 聞く, 行く, 書く, 読む, 乗る, 会う, 習う, 作る, ある, 話す, 待つ, 思う
2그룹 降りる, 寝る, 起きる, 別れる, 教える, いる, 考える
3그룹 来る, する

3그룹 동사의 활용

동사의 종류에서와 마찬가지로 동사의 활용법에 대한 공부도 3그룹 → 2그룹 →1그룹의 순서대로 진행합니다.

> 3그룹에 해당하는 동사는 단 2개, 来る와 する밖에 없습니다. 부정, 과거 등을 표현하는 활용법에 특별히 정해진 규칙이 없어 '불규칙 동사'라고 부르는 만큼 반복을 통해 외워야 합니다.

1 来る 오다

· 来る는 형태에 따라 한자 来를 읽는 법이 다르니 주의합니다.
· 기본형인 来る에서는 **く**, **평서체의 부정 표현에서는 こ로 읽어 こない, こなかった**가 되며 나머지는 모두 **き**로 읽습니다.

	오다	来る(くる)
평서체	오지 않다	来ない(こない)
	왔다	来た(きた)
	오지 않았다	来なかった(こなかった)
경어체	옵니다	来ます(きます)
	오지 않습니다	来ません(きません)
	왔습니다	来ました(きました)
	오지 않았습니다	来ませんでした(きませんでした)

2 する 하다

· 기본형 **する에서만 す**이고 나머지는 모두 **し**라는 점을 기억합니다.

	하다	する
평서체	하지 않다	しない
	했다	した
	하지 않았다	しなかった
경어체	합니다	します
	하지 않습니다	しません
	했습니다	しました
	하지 않았습니다	しませんでした

앞에 나온 표를 보면서 아래 빈 칸을 채워보세요

오다	来る	하다	する
오지 않다		하지 않다	
왔다		했다	
오지 않았다		하지 않았다	
옵니다		합니다	
오지 않습니다		하지 않습니다	
왔습니다		했습니다	
오지 않았습니다		하지 않았습니다	

정답 p.46의 표를 참고하세요

来る, する를 써서 다음 문장을 완성해 보세요

昨日 어제	彼女 그녀	パーティー 파티	~人 ~명	~も ~이나
学校 학교	~に ~에	電話 전화	母 엄마	~と ~와

きのう　かのじょ
昨日、彼女は ....。

어제 그녀는 오지 않았다.

ごじゅうにん
パーティーに50人も ....。

파티에 50명이나 왔어요.

きょう　がっこう
今日は学校に ....。

오늘은 학교에 오지 않았어요.

きのう　でんわ
昨日は電話を ....。

어제는 전화를 하지 않았어.

はは　でんわ
母と電話(を) ....?

엄마랑 전화(를) 했어?

わたし
私は ....。

저는 하지 않았습니다.

정답 来なかった, 来ました, 来ませんでした, しなかった, した, しませんでした

🎏 자연스러운 대화 속에서의 **来る**와 **する**

何人 몇 명	全部で 다 합쳐서	~人 ~명	~って ~라고 하더라
みんなで 다같이	何か 무언가	何も 아무것도	おしゃべり 수다
~だけ ~뿐			

(오늘 친구들과의 모임에 가는 여자친구에게)

きょう なんにん く
A : 今日は何人来る? ···
오늘은 몇 명 와?

ぜんぶ じゅうにん
B : 全部で10人来るって。 ···
다 해서 10명 온대.

なに
A : みんなで何かする? ···
다같이 뭔가 해?

なに
B : 何もしない。おしゃべりだけ。 ·······································
아무것도 안해. 수다뿐.

테스트 다음 괄호에 들어갈 표현을 골라 보세요

わたし
1. 그것은 제가 했습니다. それは私が(   )。

① しなかった   ② します

③ しました   ④ する

かのじょ
2. 그녀가 파티에 왔다. 彼女がパーティーに(   )。
き   こ
① 来ません   ② 来なかった
こ   き
③ 来ない   ④ 来た

정답 1. ③   2. ④

일본어 동사에는 미래형이 없다?

한국어는 동사를 활용할 때 '~한, ~하는, ~할'과 같이 과거, 현재, 미래의 형태가 있지만 일본어에는 과거, 현재형만 있고 미래형이 없습니다. する를 보면 과거형 した, 현재형 する만 있고 '~할 것이다'라는 형태가 없습니다.

하지만 실제 사용되는 상황과 내용을 생각해 보면 일본어는 '미래형'이 아닌 '현재형'이 없다고 말할 수 있습니다. 어떤 의미인지 동사 する 통해 자세히 살펴봅시다.

기본형인 する(하다)는 다음 두 가지 상황에서 사용합니다.

첫 번째, '매일 운동을 한다(毎日、運動をする)'와 같이 항상 반복하는 습관, 규칙, 일 등을 말할 때입니다. 두 번째, '~하겠다', '~할 것이다'라는 의미로 사용합니다.

예를 들어 私がする는 늘 자신이 맡아 하는 일에 대해 '내가 한다'라며 자신이 담당자임을 말하는 것일 수 있습니다. 또한, 이 말은 '내가 하겠다' 또는 '내가 할 것이다'라는 의미가 되기도 합니다. 즉, 앞으로 할 일, 미래의 계획을 표현하는 것이지요.

결국 형태를 보면 미래형이 없지만 사용되는 의미를 자세히 들여다보면 '미래형'이 아닌 '현재형'이 없는 셈입니다.

그렇다면 현재 일어나고 있는 일은 어떻게 표현할까요? '현재'는 이후에 공부할 '~ている(~하고 있다)'라는 표현을 사용합니다.

2그룹 동사의 활용

2그룹 동사의 현재형, 현재 부정형, 과거형, 과거 부정형을 평서체와 경어체로 나누어 공부합니다.

	먹다	^た食べる
평서체	먹지 않다	食べない
	먹었다	食べた
	먹지 않았다	食べなかった
경어체	먹습니다	食べます
	먹지 않습니다	食べません
	먹었습니다	食べました
	먹지 않았습니다	食べませんでした

➡ 2그룹 동사는 활용할 때 맨 끝의 る를 빼고 부정, 시제를 표현하는 ない, なかった, ます 등을 붙이면 됩니다.

➡ 평서체 : 맨 끝의 る를 없애고 ない, た, なかった를 붙입니다.

^た食べ~~る~~ 먹다	+	ない(부정) た(과거) なかった(과거부정)	=	食べない 食べた 食べなかった

➡ 경어체 : る를 없애고 ます, ません, ました, ませんでした를 붙입니다.

^た食べ~~る~~ 먹다	+	ます(현재) ません(현재부정) ました(과거) ませんでした(과거부정)	=	食べます 食べません 食べました 食べませんでした

있다(생물)	いる	보다	見^みる
없다		보지 않다	
있었다		보았다	
없었다		보지 않았다	
있습니다		봅니다	
없습니다		보지 않습니다	
있었습니다		보았습니다	
없었습니다		보지 않았습니다	

정답 いない, いた, いなかった, います, いません, いました, いませんでした,
見ない, 見た, 見なかった, 見ます, 見ません, 見ました, 見ませんでした

🐟 다음 문장을 완성해 보세요

食^たべる 먹다　　見^みる 보다　　降^おりる 내리다　　いる 있다　　寝^ねる 자다

今日^{きょう}はピザを ....。
오늘은 피자를 먹었다.

面白^{おもしろ}い映画^{えいが}を ....。
재미있는 영화를 봤어요.

パンは ....。
빵은 먹지 않습니다.

電車^{でんしゃ}から ....。
전철에서 내렸다.

今日^{きょう}は家^{いえ}に ....。
오늘은 집에 없었습니다.

いつも早^{はや}く ....。
언제나 일찍 잡니다.

정답 食べた, 見ました, 食べません, 降りた, いませんでした, 寝ます

🐟🐟 자연스러운 대화 속에서의 2 그룹 동사

部長 부장	どこに 어디에	いる 있다	席 자리
では 그럼	さっき 좀 전에	見る 보다	동사+が ~했는데
外出する 외출하다		~かもしれません ~일지도 모릅니다	

(다른 부서의 동료가 와서 우리 팀의 부장님을 찾는 상황)

A : 部長(ぶちょう)はどこにいますか。·······························

부장님은 어디 계신가요?

B : 席(せき)にいませんか。··

자리에 없나요?

A : さっき見(み)ましたがいませんでした。·················

좀 전에 봤는데 없었어요.

B : では、外出(がいしゅつ)したかもしれませんね。················

그럼, 외출했을 지도 모르겠네요.

🐟 꼭 외워야 할 2 그룹 동사

いる 있다(생물)	見(み)る 보다	着(き)る 입다	出(で)る 나오다
食(た)べる 먹다	入(い)れる 넣다	寝(ね)る 자다	起(お)きる 일어나다
開(あ)ける 열다	閉(し)める 닫다	降(お)りる 내리다	落(お)ちる 떨어지다
信(しん)じる 믿다	借(か)りる 빌리다	教(おし)える 가르치다	考(かんが)える 생각하다
別(わか)れる 헤어지다	忘(わす)れる 잊다	覚(おぼ)える 기억하다, 외우다	
できる 할 수 있다, 가능하다		止(や)める 그만두다, 중단하다	

▶ 단어 연습장 77 페이지

테스트 다음 괄호에 들어갈 표현을 골라 보세요

1. 지금 어디에 있어요? 今、どこに( ).

① います   ② いない

③ いました   ④ いますか

2. 어제는 일찍 잤다. 昨日は早く( ).

① 寝ない   ② 寝た

③ 寝ませんでした   ④ 寝なかった

3. 결국, 그녀는 믿지 않았다. 結局、彼女は( ).

① 信じません   ② 信じなかった

③ 信じない   ④ 信じました

정답 1. ④   2. ②   3. ②

🌼 한 걸음 더!

문장 끝에 붙여서 감정을 표현하는 よ와 ね

일본어에는 문장 맨 끝에 붙여서 강조, 친근감, 공감 등 감정을 표현하는 '어미'가 많습니다. 대표적인 것이 よ와 ね입니다.

よ 상대방이 모르는 것을 가르쳐 줄 때, 내용을 강조할 때 주로 사용합니다. 하지만 よ를 계속 붙이면 강요하는 느낌을 줄 수 있기에 윗사람에게 쓸 때는 주의합니다.

　　예　これですよ 이거에요　　　私がしますよ 제가 할게요

ね 상대방에게 가벼운 동의를 구하거나 상대방의 말에 공감하는 기분, 친근감을 표현할 때 사용합니다.

　　예　そうですね 그렇네요　　　暑いですね 덥네요

1그룹 동사의 활용 경어체 ✽

1그룹 동사는 규칙이 다소 복잡해 3일에 걸쳐 천천히 공부하도록 합니다. 먼저 경어체의 활용법부터 살펴 봅니다.

경어체	탑니다	乗ります
	타지 않습니다	乗りません
	탔습니다	乗りました
	타지 않았습니다	乗りませんでした

1 경어체는 끝의 **う**단을 **い**단으로 바꾸고 **ます**, **ません** 등 시제 표현을 붙입니다.
우선 각 글자의 **い**단은 무엇인지 확인하고 써 보세요.

わ	ら	や	ま	は	な	た	さ	か	あ
😄	り	😄	み	ひ	に	ち	し	き	い
を	る	ゆ	む	ふ	ぬ	つ	す	く	う
😄	れ	😄	め	へ	ね	て	せ	け	え
ん	ろ	よ	も	ほ	の	と	そ	こ	お

う ➡ (い)   つ ➡ ( )   る ➡ ( )

ぬ ➡ ( )   む ➡ ( )   ぶ ➡ ( )

く ➡ ( )   ぐ ➡ ( )   す ➡ ( )

🌸 실제 1그룹 동사의 う단을 い단으로 바꿔 보세요 (예 買う ➡ 買い)

기다리다 待つ ➡ ( )   죽다 死ぬ ➡ ( )

놀다 あそぶ ➡ ( )   쓰다 書く ➡ ( )

정답 ち, り, に, み, び, き, ぎ, し, 待ち, 死に, あそび, 書き

2 끝을 **い**단으로 바꾼 후 부정, 시제를 나타내는 표현을 붙입니다.

$$\boxed{\begin{array}{c} \text{の} \\ \text{乗る} \\ \downarrow \\ \text{乗り} \end{array}} \quad + \quad \boxed{\begin{array}{l} \text{ます(현재)} \\ \text{ません(현재부정)} \\ \text{ました(과거)} \\ \text{ませんでした(과거부정)} \end{array}} \quad = \quad \boxed{\begin{array}{l} \text{乗ります} \\ \text{乗りません} \\ \text{乗りました} \\ \text{乗りませんでした} \end{array}}$$

🎏 다음에 나온 **買う**의 예를 보면서 빈 칸을 채워보세요

買う (사다)	待つ (기다리다)
買います (삽니다)	
買いません (사지 않습니다)	
買いました (샀습니다)	
買いませんでした (사지 않았습니다)	

書く(쓰다)	飲む (마시다)

🐱 다음 문장을 완성해 보세요

乗る 타다	思う 생각하다	飲む 마시다
言う 말하다	行く 가다	ある 있다

でんしゃ
電車に ....。

전철에 탔어요.

この絵、どう ....。

이 그림 어떻게 생각해요?

さけ
お酒は ....。

술은 마시지 않습니다.

おや
親には ....。

부모님께는 말하지 않았어요.

きょう　かいしゃ
今日は会社に ....。

오늘은 회사에 안 가요.

べんとう
お弁当、ここに ....。

도시락, 여기에 있어요.

정답 乗りました, 思いますか, 飲みません, 言いませんでした, 行きません, あります

🐟 자연스러운 대화 속에서의 1 그룹 동사 경어체

資料 자료	終わる 끝나다	今 지금	メール 메일
~で ~로(수단)	送る 보내다	~も ~도	やっと 드디어

(상사의 지시를 받아 회의 자료를 작성하고 있는 두 사람)

しりょう　お
A : 資料は終わりましたか。 ....

자료는 끝났나요?

いま　おく
B : はい。今メールで送ります。 ....

네. 지금 메일로 보내요.

わたし　お
A : 私もやっと終わりました。 ....

저도 드디어 끝났어요.

の乗る 타다	い行く 가다	か買う 사다	う売る 팔다
い言う 말하다	き聞く 듣다/묻다	か書く 쓰다	よ読む 읽다
あ会う 만나다	あそぶ 놀다	なら習う 배우다	つく作る 만들다
すわ座る 앉다	た立つ 서다	ま待つ 기다리다	よ呼ぶ 부르다
おも思う 생각하다	はな話す 이야기하다	し死ぬ 죽다	おく送る 보내다
ふ降る (눈/비가)오다	の飲む 마시다	も持つ 들다	お置く 두다
はじ始まる 시작되다	お終わる 끝나다	たの頼む 부탁하다	わ分かる 알다
つか使う 사용하다	ある 있다(무생물)		

▶ 단어 연습장 78 페이지

테스트 다음 괄호에 들어갈 표현을 골라 보세요

1. 이 노래 어떻게 생각해요? この歌(うた)、どう(　　　　　　　)。

① 思(おも)いませんか
② 思います
③ 思いませんでしたか
④ 思いますか

2. 지금 전철에 탔습니다. 今(いま)、電車(でんしゃ)に(　　　　　　　)。

① 乗(の)ります
② 乗りました
③ 乗りませんでした
④ 乗りません

3. 다들 술은 마시지 않았어요. みんな、お酒(さけ)は(　　　　　　　)。

① 飲(の)みませんでした
② 飲みました
③ 飲みますか
④ 飲みません

정답　1. ④　2. ②　3. ①

1그룹 동사의 활용 평서체 부정형

1그룹 동사 평서체에서는 우선 현재 부정, 과거 부정 형태를 공부한 후 과거형은 따로 공부합니다.

	타다	乗る
평서체	타지 않다	乗らない
	타지 않았다	乗らなかった

1 평서체 부정은 끝의 う단을 あ단으로 바꾸고 ない, なかった를 붙입니다. 단, う로 끝나는 동사는 あ가 아닌 わ로 바뀐다는 점에 주의합니다.
우선 각 글자의 あ단을 확인하고 써 보세요.

あ단 ▶

わ	ら	や	ま	は	な	た	さ	か	あ
☺	り	☺	み	ひ	に	ち	し	き	い
を	る	ゆ	む	ふ	ぬ	つ	す	く	う
☺	れ	☺	め	へ	ね	て	せ	け	え
ん	ろ	よ	も	ほ	の	と	そ	こ	お

う단 ▶

う	➡	( )		つ	➡	( )		る	➡	( )
ぬ	➡	( )		む	➡	( )		ぶ	➡	( )
く	➡	( )		ぐ	➡	( )		す	➡	( )

2 실제 1그룹 동사의 う단을 あ단으로 바꿔 보세요 (예 買う ➡ 買わ)

기다리다 待つ ➡ ( )　　　　　　죽다 死ぬ ➡ ( )

놀다 あそぶ ➡ ( )　　　　　　쓰다 書く ➡ ( )

정답 わ, た, ら, な, ま, ば, か, が, さ, 待た, 死な, あそば, 書か

2 끝을 あ단으로 바꾼 후 부정을 뜻하는 **ない, なかった**를 붙입니다.

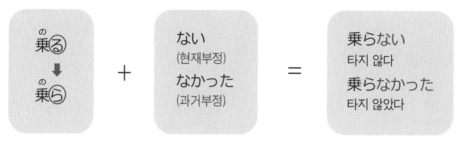

🎏 다음에 나온 言う의 예를 보면서 빈 칸을 채워보세요

기본형		현재 부정	과거 부정
말하다	<ruby>言<rt>い</rt></ruby>う	言わない	言わなかった
만나다	<ruby>会<rt>あ</rt></ruby>う		
기다리다	<ruby>待<rt>ま</rt></ruby>つ		
팔다	<ruby>売<rt>う</rt></ruby>る		
죽다	<ruby>死<rt>し</rt></ruby>ぬ		
마시다	<ruby>飲<rt>の</rt></ruby>む		
놀다	あそぶ		
쓰다	<ruby>書<rt>か</rt></ruby>く		
헤엄치다	<ruby>泳<rt>およ</rt></ruby>ぐ		
이야기하다	<ruby>話<rt>はな</rt></ruby>す		

정답 会わない, 会わなかった / 待たない, 待たなかった / 売らない, 売らなかった
死なない, 死ななかった / 飲まない, 飲まなかった / あそばない, あそばなかった
書かない, 書かなかった / 泳がない, 泳がなかった / 話さない, 話さなかった

言う 말하다	会う 만나다	死ぬ 죽다
読む 읽다	あそぶ 놀다	飲む 마시다

誰にも ....。

아무한테도 말 안해.

昨日は彼氏と ....。

어제는 남자친구랑 안 만났어.

幸いに犬は ....。

다행히 개는 죽지 않았다.

昨日は本を ....。

어제는 책을 읽지 않았다.

あなたとは ....。

너랑은 안 놀아.

このジュース ....?

이 주스 마시지 않을래?

정답 言わない, 会わなかった, 死ななかった, 読まなかった, あそばない, 飲まない

🎏 자연스러운 대화 속에서의 1 그룹 동사 평서체 부정 표현

彼氏 남자친구	会う 만나다	なんで 왜	別れる 헤어지다	忙しい 바쁘다

違う '다르다'라는 뜻의 단어이지만 회화에서 '아니야'라는 뜻으로도 사용

(매일 남자친구를 만나러 나가던 여동생이 집에 있는 것을 보고)

A : 今日は彼氏と会わない? ....

오늘은 남자친구랑 안 만나?

B : うん。会わない。 ....

응. 안 만나.

A : なんで? 別れたの? ....

왜? 헤어졌어?

B : 違うよ。今日は忙しいって。 ....

아니야. 오늘은 바쁘대.

테스트 다음 괄호에 들어갈 표현을 골라 보세요

1. 오늘은 학교에 가지 않았다. 今日^{きょう}は学校^{がっこう}に(   )。

① 行^いった   ② 行きなかった

③ 行きません   ④ 行かなかった

2. 같이 놀지 않을래? 一緒^{いっしょ}に(   )?

① あそぶ   ② あそんだ

③ あそべない   ④ あそばない

3. 엄마에게는 말하지 않았어. 母^{はは}には(   )。

① 言^いあなかった   ② 言った

③ 言わなかった   ④ 言えない

정답 1. ④   2. ④   3. ③

♣ **한 걸음 더 !**

일본인의 대화에서 ん이 자주 들리는 이유는?

일본인이 대화하는 것을 듣다 보면 ん발음이 많이 들립니다. ん이 들어간 단어도 많지만 회화에서는 발음하기 편하게 ん으로 바꿔 말하는 경우가 있기 때문이지요. 단, 이것은 구어체 표현으로 매우 가까운 사람과의 대화에서 사용합니다. 문장이나 정중한 자리의 대화에서는 쓰지 않는 것이 좋습니다.

1. 강조를 의미하는 の를 ん으로 바꾸어 발음

예 합니다 します → する<u>の</u>です(강조) = する<u>ん</u>です(の → ん)

　　그렇습니다 そうです → そうな<u>の</u>です(강조) = そうな<u>ん</u>です(の → ん)

2. らな ない를 ん으로 바꾸어 발음

예 分からない = 分か<u>ん</u>ない(ら → ん) = 分から<u>ん</u>(ない → ん)

　　知らない = 　知ら<u>ん</u>(ない → ん)

1그룹 동사의 활용 평서체 과거형

1그룹 동사의 마지막은 た형이라고 불리는 평서체 과거형입니다. 다음에 나올 て형도 규칙이 동일하니 잘 외워 놓도록 합니다.

う, つ, る로 끝나는 단어	う, つ, る를 없애고 った를 붙입니다
ぬ, む, ぶ로 끝나는 단어	ぬ, む, ぶ를 없애고 んだ를 붙입니다
く, ぐ, す로 끝나는 단어	く, ぐ, す를 없애고 각각 いた, いだ, した를 붙입니다
行く	く를 없애고 った를 붙입니다

* 1그룹 동사의 평서체에서는 어떤 글자로 끝나는 단어인가에 따라 과거형을 만드는 방법이 다릅니다.

● う, つ, る로 끝나는 단어와 行く는 **끝 글자를 없애고 った를** 붙입니다.

会う ➡ 会った　　待つ ➡ 待った　　行く ➡ 行った

● ぬ, む, ぶ로 끝나는 단어는 **끝 글자를 없애고 んだ를** 붙입니다. **た가 아닌 だ라는 점**에 주의합니다.

死ぬ ➡ 死んだ　　飲む ➡ 飲んだ　　呼ぶ ➡ 呼んだ

● く, ぐ, す로 끝나는 단어는 끝 글자를 **없애고 いた, いだ, した를** 붙입니다. く로 끝나면 いた를, ぐ로 끝나면 いだ를 붙인다는 점에 주의합니다. **예외** 行く ➡ 行った

書く ➡ 書いた　　泳ぐ ➡ 泳いだ　　話す ➡ 話した

* 이렇게 외워 보면 어떨까요? (나만의 암기법을 만들어 보세요)
　う, つ, る로 끝나면 った = うつるった / ぬ, む, ぶ로 끝나면 んだ = ぬむぶんだ /
　く, ぐ, す로 끝나면 いた, いだ, した = くいた, ぐいだ, すした
　➜ 우츠룻타 누무분다 쿠이타 구이다 스시타

앞의 설명을 보면서 다음 단어들의 평서체 과거형을 써보세요

사다	買う	買った	마시다	飲む	
말하다	言う		부르다	呼ぶ	
서다	立つ		놀다	あそぶ	
들다	持つ		쓰다	書く	
있다	ある		듣다	聞く	
만들다	作る		수영하다	泳ぐ	
끝나다	終わる		말하다	話す	
죽다	死ぬ		가다	行く	

정답 言った, 立った, 持った, あった, 作った, 終わった, 死んだ,
　　飲んだ, 呼んだ, あそんだ, 書いた, 聞いた, 泳いだ, 話した, 行った

다음 문장을 완성해 보세요

作る 만들다	行く 가다	終わる 끝나다
あそぶ 놀다	読む 읽다	書く 쓰다

今日は何を ....?

오늘은 뭘 만들었어?

昨日 .... 店はおいしかった。

어제 갔던 가게는 맛있었어.

宿題がやっと ....。

숙제가 드디어 끝났다.

今日は友達と ....。

오늘은 친구랑 놀았다.

この本、.......................................?

이 책, 읽었어?

彼がこの本を .... 作家だ。

그가 이 책을 쓴 작가다.

정답 作った, 行った, 終わった, あそんだ, 読んだ, 書いた

63

자연스러운 대화 속에서의 1 그룹 동사 평서체 과거형

頼む 부탁하다	もの ~것	買う 사다	ケーキ 케이크
待つ 기다리다	並ぶ 줄을 서다	人 사람	多い 많다
どのくらい 어느 정도(얼마나)		숫자 + も ~(이)나	

(인기 빵집의 케이크를 사다 달라고 부탁한 언니)

A : 私が頼んだものは買った?
내가 부탁한 것은 샀어?

B : ケーキ? 買ったよ。
케이크? 샀어.

A : どのくらい待った?
어느 정도 기다렸어?

B : 並んだ人が多くて1時間も待った。
줄 선 사람이 많아서 1시간이나 기다렸어.

테스트 다음 괄호에 들어갈 표현을 골라 보세요

1. 어제 갔던 가게는 어땠어? 昨日( )店はどうだった?

① 行く   ② 待った

③ 待たない   ④ 行った

2. 오랜만에 케이크를 만들었다. 久しぶりにケーキを( )。

① 終わった   ② 作った

③ あった   ④ 話した

정답 1. ④   2. ②

1	2	3	4	5
いち	に	さん	**し / よん**	ご
6	7	8	9	10
ろく	**しち / なな**	はち	**きゅう / く**	じゅう
11	12	13	14	15
じゅういち	じゅうに	じゅうさん	じゅう**よん**	じゅうご
16	17	18	19	20
じゅうろく	じゅう**なな**	じゅうはち	じゅう**きゅう**	にじゅう
100	200	300	400	500
ひゃく	にひゃく	**さんびゃく**	よんひゃく	ごひゃく
600	700	800	900	1000
ろっぴゃく	**ななひゃく**	**はっぴゃく**	**きゅうひゃく**	**せん**
2000	3000	4000	5000	6000
にせん	さん**ぜん**	**よん**せん	ごせん	**ろっせん**
7000	8000	9000	10000	1억
ななせん	**はっせん**	**きゅう**せん	**いちまん**	**いちおく**

- 4, 7, 9는 읽는 법이 두 가지가 있어 상황에 따라 다르게 읽습니다.
- 100단위는 앞의 숫자에 따라 ひゃく, びゃく, ぴゃく로 다르게 읽으며 600과 800은 촉음 (작은 つ)을 넣어 ろっぴゃく, はっぴゃく로 읽습니다.
- 100과 1000은 いち를 넣지 않고 그냥 ひゃく, せん이라고 말하지만 10000부터는 いちまん(1만), いちおく(1억) 등 いち를 넣어서 말합니다.

✪✪ 개수 세기 ✪✪

사물의 개수를 셀 때는 1에서 10까지만 읽는 법이 따로 있습니다. 11개 이후부터는 위의 숫자 읽는 방식과 동일합니다.

한 개	두 개	세 개	네 개	다섯 개
ひとつ	ふたつ	みっつ	よっつ	いつつ
여섯 개	일곱 개	여덟 개	아홉 개	열 개
むっつ	ななつ	やっつ	ここのつ	とお

예외 1그룹 동사는 2그룹 동사의 형태이지만 활용을 할 때는 1그룹 동사의 규칙을 따르는 동사입니다.

평서체	달리다	^{はし}走る
	달리지 않다	走らない
	달렸다	走った
	달리지 않았다	走らなかった
경어체	달립니다	走ります
	달리지 않습니다	走りません
	달렸습니다	走りました
	달리지 않았습니다	走りませんでした

1 **예외 1그룹 동사는 형태가 2그룹 동사와 동일합니다.**

· 2그룹 동사 : 끝이 る로 끝나고 る 앞이 い단 또는 え단

2 **활용을 할 때는 1그룹 동사의 규칙을 따릅니다.**

· 예를 들어 走る(はしる)는 る로 끝나고 る앞은 い단인 し이기 때문에 2그룹 동사
의 형태입니다. 2그룹 동사라면 평서체 현재 부정형이 走ない가 되어야 합니다.
(2그룹 : 끝의 る를 빼고 ない를 붙임)

· 하지만 예외적으로 1그룹 동사 규칙(끝을 あ단으로 바꾸고 ない를 붙임)을 따르기
때문에 走らない가 됩니다.

· 평서체 과거형도 2그룹 동사 규칙(끝의 る를 없애고 た를 붙임)이 아닌 1그룹 동사
의 규칙에 따라 る를 없애고 った를 붙여 走った가 됩니다.

· 경어체도 2그룹 동사의 규칙(る를 없애고 ます 등을 붙임)이 아닌 1그룹 동사의
규칙에 따라 る를 り로 바꾸고 ます, ません 등을 붙입니다.

^{はし}走る ➡ 走らない   走る ➡ 走った   走る ➡ 走ります

🐟 앞의 설명을 보면서 아래 빈 칸을 채워보세요

돌아오다	^{かえ}帰る	알다	^し知る
돌아오지 않다		모른다	
돌아왔다		알았다	
돌아오지 않았다		몰랐다	
돌아옵니다		압니다	
돌아오지 않습니다		모릅니다	
돌아왔습니다		알았습니다	
돌아오지 않았습니다		몰랐습니다	

정답 帰らない, 帰った, 帰らなかった, 帰ります, 帰りません, 帰りました, 帰りませんでした,
知らない, 知った, 知らなかった, 知ります, 知りません, 知りました, 知りませんでした

🐟 다음 문장을 완성해 보세요

^{かえ}帰る 돌아가다/돌아오다/귀가하다   ^き切る 자르다

^{はい}入る 들어가다   ^{はし}走る 달리다   ^し知る 알다

^{きのう}昨日 ....?

어제 집에 안 갔어?

^{かみ　みじか}髪を短く ....。

머리를 짧게 잘랐다.

^{けっきょく}結局その^{かいしゃ}会社に ....?

결국 그 회사에 들어갔어?

^{まいにち　いちじ　かん}毎日、1時間くらい ....。

매일 1시간 정도 달립니다.

そこまでは ....。

거기까지는 몰랐습니다.

^{かちょう　さき}キム課長は先に ....。

김 과장은 먼저 돌아 갔습니다.

정답 帰らなかった, 切った, 入った, 走ります, 知りませんでした, 帰りました

67

자연스러운 대화 속에서의 예외 1그룹 동사

何時 몇시	帰る 귀가하다	~時 ~시(시간)	やっと 겨우
~まで ~까지	電車 전철	ある 있다	駅 역
さんざん 엄청	走る 달리다		

(전날 같이 야근하다가 본인이 먼저 들어간 상황)

A : 昨日は何時に帰りましたか。
어제는 몇시에 들어갔어요?

B : 12時にやっと帰りました。
12시에 겨우 집에 갔어요.

A : 12時まで？電車ありましたか。
12시까지? 전철 있었어요?

B : 駅までさんざん走りましたよ。
역까지 엄청 뛰었어요.

꼭 외워야 할 예외 1 그룹 동사

帰る 돌아가다, 돌아오다, 귀가하다

走る 달리다

知る 알다

減る 줄다, 감소하다

限る 한정하다, 제한하다

入る 들어가다, 들어오다

切る 자르다

混じる 섞이다

滑る 미끄러지다

しゃべる 떠들다, 수다떨다

▶ 단어 연습장 79 페이지

테스트 다음 괄호에 들어갈 표현을 골라 보세요

1. 어제는 몇시에 집에 갔어? 昨日は何時に( )?

① 帰りました ② 帰た

③ 帰った ④ 帰らない

2. 머리 잘랐어요? 髪、( )。

① 切ましたか ② 切らましたか

③ 切りませんか ④ 切りましたか

3. 거기까지는 몰랐어. そこまでは( )。

① 知ない ② 知らない

③ 知らなかった ④ 知りなかった

정답 1. ③ 2. ④ 3. ③

🌸 한 걸음 더!

잘못 쓰면 싸움이 날 수 있는 동사 知る 와 分かる

일본어에는 '알다'라는 뜻의 동사가 2개 있습니다. 한국어로는 둘 다 '알다'로 번역되지

만 일본에서는 두 단어를 구분해 사용합니다.

知る　　이름, 주소 등 단순한 정보나 사실을 아는 것

分かる　내용을 구체적으로 이해하는 것

따라서 "저 사람 이름 알아?"는 知る를, "내가 무슨 말 하는지 알아?"는 分かる를 써

서 말합니다. 특히 한국어로는 둘 다 '몰라'가 되는 分からない와 知らない는 뉘앙스

가 많이 다릅니다. 分からない는 단순히 '모르겠다'라는 의미이지만 知らない는 '내

가 알게 뭐야', '나랑 상관없어'라는 뜻이 될 수 있습니다. 잘못 사용하면 싸움이 날 수

도 있으니 주의하세요.

동사의 종류와 기본 활용 내용을 다시 한 번 확인하며 복습합니다. ▶ 정답은 74 페이지

● 3그룹 동사의 활용 복습하기

오다	来^くる	하다	する
오지 않다		하지 않다	
왔다		했다	
오지 않았다		하지 않았다	
옵니다		합니다	
오지 않습니다		하지 않습니다	
왔습니다		했습니다	
오지 않았습니다		하지 않았습니다	

● 동사를 시제, 의미에 맞게 바꾸고 다른 단어들과 조합해 문장을 만드세요

1. 그는 오늘 회사에 오지 않았다. (来る, は, 彼, に, 会社, 今日)

....

2. 어제는 부모님께 전화를 했다. (する, を, 親, 昨日, 電話, は, に)

....

3. 회식에 몇 명이 오나요? (来る, 何人, に, 飲み会(회식), が)

....

70

2그룹 동사의 활용 복습하기

먹다	食<ruby>た</ruby>べる	내리다	降<ruby>お</ruby>りる
먹지 않다		내리지 않다	
먹었다		내렸다	
먹지 않았다		내리지 않았다	
먹습니다		내립니다	
먹지 않습니다		내리지 않습니다	
먹었습니다		내렸습니다	
먹지 않았습니다		내리지 않았습니다	

동사를 시제, 의미에 맞게 바꾸고 다른 단어들과 조합해 문장을 만드세요

1. 주말에 영화를 봤어요. (見る, を, 週末, 映画, に)

2. 언니는 언제나 일찍 잔다. (寝る, 早く, いつも(항상), は, 姉)

3. 그는 일본어를 가르치는 선생님입니다. (教える, 日本語, は, 先生, を, 彼, だ)

➡ 1그룹 동사의 활용 복습하기

말하다	言う	앉다	座る
말하지 않다		앉지 않다	
말했다		앉았다	
말하지 않았다		앉지 않았다	
말합니다		앉습니다	
말하지 않습니다		앉지 않습니다	
말했습니다		앉았습니다	
말하지 않았습니다		앉지 않았습니다	

➡ 동사를 시제, 의미에 맞게 바꾸고 다른 단어들과 조합해 문장을 만드세요

1. 오늘은 처음으로 케이크를 만들었다. (作る, を, ケーキ, 初めて, は, 今日)

....

2. 저는 아무한테도 말하지 않았습니다. (言う, にも, 誰, は, 私)

....

3. 저는 고등학교에서 일본어를 배웠어요. (習う, で, 私, 日本語, は, 高校, を)

....

● 예외 1그룹 동사의 활용 복습하기

돌아가다	帰る	달리다	走る
돌아가지 않다		달리지 않다	
돌아갔다		달렸다	
돌아가지 않았다		달리지 않았다	
돌아갑니다		달립니다	
돌아가지 않습니다		달리지 않습니다	
돌아갔습니다		달렸습니다	
돌아가지 않았습니다		달리지 않았습니다	

● 동사를 시제, 의미에 맞게 바꾸고 다른 단어들과 조합해 문장을 만드세요

1. 김 대리는 먼저 돌아갔습니다. (帰る, 先に(먼저), は, キム代理)

....

2. 아직 그(남자)의 이름도 몰라. (知る, も, 彼, まだ(아직), 名前, の)

....

3. 이번에는 머리를 짧게 잘랐어요. (切る, を, 短く, は, 今回(이번), 髪)

....

3그룹 동사

来ない, 来た, 来なかった, 来ます, 来ません, 来ました, 来ませんでした
しない, した, しなかった, します, しません, しました, しませんでした

1. 彼は今日会社に来なかった。
2. 昨日は親に電話をした。
3. 飲み会に何人が来ますか。

2그룹 동사

食べない, 食べた, 食べなかった, 食べます, 食べません, 食べました, 食べませんでした
降りない, 降りた, 降りなかった, 降ります, 降りません, 降りました, 降りませんでした

1. 週末に映画を見ました。
2. 姉はいつも早く寝る。
3. 彼は日本語を教える先生です。

1그룹 동사

言わない, 言った, 言わなかった, 言います, 言いません, 言いました, 言いませんでした
座らない, 座った, 座らなかった, 座ります, 座りません, 座りました, 座りませんでした

1. 今日は初めてケーキを作った。
2. 私は誰にも言いませんでした。
3. 私は高校で日本語を習いました

예외 1그룹 동사

帰らない, 帰った, 帰らなかった, 帰ります, 帰りません, 帰りました, 帰りませんでした
走らない, 走った, 走らなかった, 走ります, 走りません, 走りました, 走りませんでした

1. キム代理は先に帰りました。
2. まだ彼の名前も知らない。
3. 今回は髪を短く切りました。

MEMO

단어 연습장 동사

단어를 모르면 문법과 회화 실력이 잘 늘지 않습니다. 정확하게 반복해서 쓰면서 외워 보세요.

買う (か) 사다		**売る** (う) 팔다	
言う (い) 말하다		**聞く** (き) 듣다	
乗る (の) 타다		**降りる** (お) 내리다	
寝る (ね) 자다		**起きる** (お) 일어나다	
会う (あ) 만나다		**別れる** (わか) 헤어지다	
習う (なら) 배우다		**教える** (おし) 가르치다	
する 하다		**作る** (つく) 만들다	
ある 있다(무생물)		**いる** 있다(생물)	
待つ (ま) 기다리다		**話す** (はな) 이야기하다	
思う (おも) 생각하다		**考える** (かんが) 생각하다	

기본 동사와 반복되는 단어 있음

いる 있다(생물)		**み 見る** 보다	
き 着る 입다		**で 出る** 나오다	
た 食べる 먹다		**い 入れる** 넣다	
ね 寝る 자다		**お 起きる** 일어나다	
あ 開ける 열다		**し 閉める** 닫다	
お 降りる 내리다		**お 落ちる** 떨어지다	
しん 信じる 믿다		**か 借りる** 빌리다	
おし 教える 가르치다		**かんが 考える** 생각하다	
わか 別れる 헤어지다		**わす 忘れる** 잊다	
おぼ 覚える 기억하다, 외우다		**できる** 가능하다	
や 止める 그만두다			

の **乗る** 타다		い **行く** 가다	
か **買う** 사다		う **売る** 팔다	
い **言う** 말하다		き **聞く** 듣다	
か **書く** 쓰다		よ **読む** 읽다	
あ **会う** 만나다		**あそぶ** 놀다	
なら **習う** 배우다		つく **作る** 만들다	
すわ **座る** 앉다		た **立つ** 서다	
ま **待つ** 기다리다		よ **呼ぶ** 부르다	
おも **思う** 생각하다		はな **話す** 이야기하다	
し **死ぬ** 죽다		おく **送る** 보내다	
ふ **降る** (눈/비가) 오다		の **飲む** 마시다	

も **持つ** 들다		お **置く** 두다	
はじ **始まる** 시작되다		お **終わる** 끝나다	
たの **頼む** 부탁하다		わ **分かる** 알다	
つか **使う** 사용하다		**ある** 있다	

예외 1그룹 동사

かえ **帰る** 돌아가다		はい **入る** 들어가다	
はし **走る** 달리다		き **切る** 자르다	
し **知る** 알다		ま **混じる** 섞이다	
へ **減る** 감소하다		すべ **滑る** 미끄러지다	
かぎ **限る** 한정하다		**しゃべる** 떠들다	

MEMO

Chapter 3
동사를 이용한 다양한 표현

"보이고 들리기 시작하는 즐거움"

많은 사람들이 일본어 공부를 포기하는
'일본어 동사의 구분과 기본 활용'을 끝내고 나면
조금씩 일본어가 귀에 들어오기 시작합니다.
이제 여유를 갖고 좀 더 다양한 표현들을 알아볼까요?

공부를 하면 할수록 소음처럼 들리던 일본어가
하나씩 이해되고 점점 더 즐거워집니다.

동사의 た형, ます형을 이용한 표현

오늘은 동사의 た형(평서체 과거형), ます형(경어체 현재형에서 ます의 앞 부분)을 이용한 다양한 표현을 배워봅니다.

▶ '동사의 た형'이란 동사 평서체의 과거형을 말합니다

1그룹	·う·つ·る로 끝나면 끝 글자를 빼고 った를 붙입니다. ·ぬ·む·ぶ로 끝나면 끝 글자를 빼고 んだ를 붙입니다. ·く·ぐ·す로 끝나면 끝 글자를 빼고 いた, いだ, した를 붙입니다. ·行く는 예외적으로 行った가 됩니다.
2그룹	끝의 る를 빼고 た를 붙입니다.
3그룹	する는 した, 来る는 来た(きた)가 됩니다.
예외 1그룹	끝의 る를 빼고 った를 붙입니다.

▶ '동사의 ます형'은 경어체 현재형에서 ます의 앞 부분을 말합니다.

예를 들어 食(た)べます에서 食べ, 言(い)います에서는 言い가 ます형입니다.

경어체 현재형을 만드는 규칙을 복습하고 다음 단어의 ます형을 써보세요.

1그룹	끝의 う단을 い단으로 바꾸고 ます를 붙입니다.
2그룹	끝의 る를 없애고 ます를 붙입니다.
3그룹	する는 します, 来る는 来ます(きます)가 됩니다.
예외 1그룹	끝의 る를 り로 바꾸고 ます를 붙입니다.

聞く(기본형) ➡ 聞きます(경어체 현재형) ➡ 聞き(동사의 ます형)

待つ(ま) ➡ ( )　　読む(よ) ➡ ( )

教える(おし) ➡ ( )　　切る(き) ➡ ( ) *切る : 예외1그룹

정답 待ち, 読み, 教え, 切り

🎏 동사의 た형을 이용한 다양한 표현

| · ~たことがある | ~한 적이 있다(경험) |
| · ~たほうがいい | ~하는 편이 좋다(권유) |

동사 た형 + ことがある는 자신의 경험을 표현하는 문형으로 조사 が는 생략하기도 합니다. 경험한 적이 없는 것은 ~たことがない라고 합니다.

예
見たことがある	본 적이 있다
見たことがあります	본 적이 있습니다
見たことがない	본 적이 없다
見たことがありません	본 적이 없습니다

➡
타다 乗る	탄 적이 있다	....
듣다 聞く	들은 적이 있습니다	....
들어가다 入る	들어간 적이 없어요	....

정답 乗ったことがある, 聞いたことがあります, 入ったことがありません

동사 た형 + ほうがいい는 '~하는 편이 좋다'라는 뜻으로 가벼운 권유나 충고를 할 때 사용하는 표현입니다.

예
| 飲んだほうがいい | 마시는 편이 좋다 |
| 飲んだほうがいいです | 마시는 편이 좋습니다 |

➡
자다 寝る	자는 편이 좋다	....
쉬다 休む	쉬는 편이 좋아요	....
하다 する	하는 편이 좋습니다	....

정답 寝たほうがいい, 休んだほうがいいです, したほうがいいです

동사의 ます형을 이용한 다양한 표현

ます형 + たい	~ 하고 싶다(바람, 희망)
ます형 + に + 行く・来る	~ 하러 가다/오다
ます형 + ましょう	~ 합시다(권유, 제안)

ます형 + たい은 무언가를 하고 싶다는 본인의 바람, 희망을 말합니다.
ます형 + たい의 앞에는 조사 を가 아닌 が를 쓰는 것이 원칙입니다.

예 本が買いたい 책을 사고 싶다　　　　本が買いたいです 책을 사고 싶습니다

➡ 자다　　寝る　자고 싶다　　　　　.............................

　　말하다　　言う　말하고 싶어요　　.............................

　　들어가다　入る　들어가고 싶다　　.............................

정답 寝たい, 言いたいです, 入りたい

ます형 + に行く는 '~하러 가다', ます형 + に来る는 '~하러 오다'의 의미로, 어딘가를 가거나 오는 '목적'을 표현하기 위한 문형입니다.

예 会いに行く　　　만나러 가다　　　会いに行きます　　만나러 갑니다
　　会いに来る　　　만나러 오다　　　会いに来ます　　만나러 옵니다

➡ 먹다　　食べる　먹으러 갔다　　.............................

　　부르다　呼ぶ　부르러 갑니다　　.............................

　　보다　　見る　보러 오다　　　.............................

　　마시다　飲む　마시러 왔습니다　.............................

정답 食べに行った, 呼びに行きます, 見に来る, 飲みに来ました

ます형 + ましょう는 무언가를 하자고 제안하는 경어체 표현입니다.

食べましょう 먹읍시다　　行きましょう 갑시다

➡️ 마시다　飲む　마십시다　　..

　　기다리다　待つ　기다립시다　..

정답 飲みましょう, 待ちましょう

🔑 자연스러운 대화 속에서의 た형·ます형 활용

> 駅前 역 앞　焼肉屋 고깃집　~けど ~인데　~って ~라고 하더라　お酒 술
> みんなで 다같이　止める 그만두다　朝 아침　~から ~부터　会議 회의

(회사에서, 선배 A, B와 후배 C)

A : 駅前の焼肉屋に行ったことある?　..
　　역 앞의 고깃집 간 적 있어?

B : ないけど、何で?　..
　　없는데, 왜?

A : おいしいって。食べに行かない?　..
　　맛있다고 하더라. 먹으러 안 갈래?

B : いいよ。私も焼肉食べたい。　..
　　좋아. 나도 고기 먹고 싶어.

C : みんなで飲みに行きましょうか。　..
　　다같이 술 마시러 갈까요?

B : お酒は止めたほうがいいよ。　..
　　술은 하지 않는 편이 좋아.

C : あ、明日は朝から会議でしょうね。　..
　　아, 내일은 아침부터 회의이지요.

동사의 ない형을 이용한 표현

ない형을 이용한 다양한 문형을 살펴봅니다. 일상생활에서 자주 쓰이는 표현들이니 반복해서 읽고 연습하세요.

▶ **ない형이란 동사 평서체의 현재 부정형에서 ない 앞부분을 말합니다.** 예를 들어
売_うらない에서 売ら, 寝_ねない에서 寝가 ない형입니다.

▶ 먼저 평서체의 현재 부정형을 만드는 규칙을 복습합니다

1그룹	끝의 う단을 あ단으로 바꾸고 ない를 붙입니다. (단, う로 끝나면 あ가 아닌 わ로 바뀌는 것에 주의)
2그룹	끝의 る를 빼고 ない를 붙입니다.
3그룹	する는 しない, 来る는 来ない(こない)가 됩니다.
예외 1그룹	끝의 る를 ら로 바꾸고 ない를 붙입니다.

▶ 위의 규칙을 보면서 다음 단어들의 ない형을 써보세요

会う	会わ	聞く	
言う		泳ぐ	
持つ		話す	
売る		行く	
死ぬ		寝る	
読む		する	
呼ぶ		来る	

정답 言わ, 待た, 売ら, 死な, 読ま, 呼ば, 聞か, 泳が, 話さ, 行か, 寝, し, 来(こ)

동사의 ない형을 이용한 다양한 표현

- ・ない형 + なくてもいい   ~하지 않아도 괜찮다
- ・ない형 + ないほうがいい   ~하지 않는 편이 좋다
- ・ない형 + なければならない   ~하지 않으면 안된다

~なくてもいい는 '~하지 않아도 괜찮다'라는 뜻입니다

買(か)わなくてもいい   사지 않아도 괜찮다(= 안 사도 돼)
買(か)わなくてもいいです   사지 않아도 괜찮습니다(= 안 사도 돼요)

➡ 말하다 言(い)う   말하지 않아도 괜찮다 ....

먹다 食(た)べる   먹지 않아도 괜찮아요 ....

달리다 走(はし)る   달리지 않아도 돼 ....

정답 言わなくてもいい, 食べなくてもいいです, 走らなくてもいい

ない형+ないほうがいい는 '~하지 않는 편이 좋다'라는 의미로서 상대에게 권유나 제안을 할 때 사용합니다.

飲(の)まないほうがいい   마시지 않는 편이 좋다
飲(の)まないほうがいいです   마시지 않는 편이 좋습니다

➡ 듣다 聞(き)く   듣지 않는 편이 좋다 ....

보다 見(み)る   보지 않는 편이 좋아 ....

오다 来(く)る   오지 않는 편이 좋아요 ....

정답 聞かないほうがいい, 見ないほうがいい, 来(こ)ないほうがいいです

~なければならない는 '~하지 않으면 안된다', '~해야 한다'라는 의미로, 꼭 해야 하는 일이나 사회적인 의무, 규칙 등을 말할 때 사용합니다.

_の
乗らなければならない   타지 않으면 안된다 (= 타야만 해)

乗らなければなりません   타지 않으면 안됩니다 (= 타야만 해요)

➡ 기다리다   待^まつ   기다려야만 한다   ....

   자다   寝^ねる   자지 않으면 안되요   ....

   하다   する   하지 않으면 안됩니다   ....

(정답) 待たなければならない, 寝なければなりません, しなければなりません

🎏 **자연스러운 대화 속에서의 ない형 활용 표현**

今 지금	忙しい 바쁘다	レポート 리포트	~じゃん ~이잖아
明日 내일	休講 휴강	って ~라더라, ~이래	

(대학교, 같은 학과 친구 사이의 대화)

_{いま いそが}
A : 今、忙しい?   ....
지금 바빠?

_か
B : レポートを書かなければならないじゃん。   리포트를 써야 하잖아.

....

_か
A : それ、書かなくてもいいよ。 ....
그거, 안 써도 돼.

_{なん}
B : え？何で？   ....
어? 왜?

_{あした きゅうこう}
A : 明日、休講だって。   ....
내일 휴강이래.

🍙🍙🍙 잠깐! 필수 상식 - 달력 & 시간 읽기 🍙🍙🍙

▶ 今日は何月何日ですか。 오늘은 몇월 며칠입니까?

1月	2月	3月	4月	5月	6月
いちがつ	にがつ	さんがつ	しがつ	ごがつ	ろくがつ
7月	8月	9月	10月	11月	12月
しちがつ	はちがつ	くがつ	じゅうがつ	じゅういちがつ	じゅうにがつ

1日	2日	3日	4日	5日
ついたち	ふつか	みっか	よっか	いつか
6日	7日	8日	9日	10日
むいか	なのか	ようか	ここのか	とおか
14日	17日	19日	20日	24日
じゅうよっか	じゅうしちにち	じゅうくにち	はつか	にじゅうよっか
27日		29日		
にじゅうしちにち		にじゅうくにち		

⮕ 나머지는 숫자(p.65 참고)에 日(にち)를 붙이면 됩니다

▶ 今は何時何分ですか。 지금은 몇 시 몇 분입니까?

1時	2時	3時	4時	5時	6時
いちじ	にじ	さんじ	よじ	ごじ	ろくじ
7時	8時	9時	10時	11時	12時
しちじ	はちじ	くじ	じゅうじ	じゅういちじ	じゅうにじ

1分	2分	3分	4分	5分
いっぷん	にふん	さんぷん	よんぷん	ごふん
6分	7分	8分	9分	10分
ろっぷん	ななふん	はっぷん	きゅうふん	じゅっぷん
11分	12分	13分	14分	15分
じゅういっぷん	じゅうにふん	じゅうさんぷん	じゅうよんぷん	じゅうごふん
16分	17分	18分	19分	20分
じゅうろっぷん	じゅうななふん	じゅうはっぷん	じゅうきゅうふん	にじゅっぷん

동사의 て형을 이용한 표현

て형은 문장 중간에 쓰면 '~하고', 문장 끝에 쓰면 가벼운 명령이나 권유의 '~해'라고 번역됩니다. 하지만 특별한 의미 없이 다양한 문형과 연결하기 위해 사용하기도 합니다.

▶ **'동사 て형'은 평서체 과거형과 만드는 규칙이 동일합니다.** 과거형의 た 대신에 て, だ 대신에 で를 붙이면 て형이 됩니다.

買~~う~~ ➡ 買って　　飲~~む~~ ➡ 飲んで　　食べ~~る~~ ➡ たべて

1그룹	・う・つ・る로 끝나면 끝 글자를 빼고 って를 붙입니다. ・ぬ・む・ぶ로 끝나면 끝 글자를 빼고 んで를 붙입니다. ・く・ぐ・す로 끝나면 끝 글자를 빼고 いて, いで, して를 붙입니다. ・行く는 예외적으로 行って가 됩니다.
2그룹	끝의 る를 빼고 て를 붙입니다.
3그룹	する는 して, 来る는 来て(きて)가 됩니다.
예외 1그룹	끝의 る를 빼고 って를 붙입니다.

▶ 위의 규칙을 보면서 다음 단어들의 て형을 써보세요.

会う	会って	泳ぐ	
持つ		話す	
売る		行く	
死ぬ		寝る	
読む		する	
聞く		来る	

정답 待って, 売って, 死んで, 読んで, 聞いて, 泳いで, 話して, 行って, 寝て, して, 来て

동사의 て형을 이용한 다양한 표현

· ~てしまう	~ 해 버리다	· ~ておく	~ 해 놓다
· ~てみる	~ 해 보다	· ~てみたい	~ 해 보고 싶다
· ~てから	~ 한 다음에	· ~てもいい	~ 해도 괜찮다

'て형 + しまう'는 '~해 버리다', '~하고 말다'라는 의미로서 어떤 일을 끝낸 것을 강조하거나 하고 난 이후 후회의 기분을 나타냅니다.

買ってしまう	사 버리다, 사고 말다
買ってしまった	사 버렸다, 사고 말았다
買ってしまいました	사 버렸습니다, 사고 말았습니다

말하다	言う	말해 버렸다	....
듣다	聞く	듣고 말았습니다	....
자다	寝る	자고 말았습니다	....

정답 言ってしまった, 聞いてしまいました, 寝てしまいました

~ておく는 의도적으로 무언가를 미리 해 놓은 상황을 설명합니다.

作っておく	만들어 놓다, 만들어 놓겠다
作っておいた	만들어 놓았다
作っておきます	만들어 놓습니다, 만들어 놓겠습니다
作っておきました	만들어 놓았습니다

사다	買う	사 놓았다	....
말하다	言う	말해 놓겠습니다	....

정답 買っておいた, 言っておきます

· **~てみる**는 '~해 보다'로서 한 번 시도해 보는 것을 말합니다.

読んでみる	읽어 보다, 읽어 보겠다
読んでみた	읽어 보았다
読んでみます	읽어 봅니다, 읽어 보겠습니다
読んでみました	읽어 보았습니다

➡ 사용하다　使う　사용해 보겠다　......................................

　 듣다　　　聞く　들어 보았습니다　......................................

정답 使ってみる, 聞いてみました

· **~てみたい**는 '~해 보고 싶다'라는 뜻으로서 바람, 희망을 말합니다.

会ってみたい	만나보고 싶다
会ってみたかった	만나보고 싶었다
会ってみたいです	만나보고 싶습니다
会ってみたかったです	만나보고 싶었습니다

➡ 가다　　　行く　가보고 싶었다　......................................

　 마시다　　飲む　마셔보고 싶어요　......................................

정답 行ってみたかった, 飲んでみたいです

· **~てから**는 '~하고 나서', '~하고 난 다음에'라는 의미로 사용합니다.

| 食べてから | 먹고 나서, 먹고 난 다음에 |
| 寝てから | 자고 나서, 자고 난 다음에 |

➡ 만나다　　会う　만난 다음에　......................................

　 사다　　　買う　사고 나서　......................................

정답 会ってから, 買ってから

~てもいいは '~해도 괜찮다'라는 의미로 허가의 의사를 나타냅니다.

入ってもいい	들어가도 괜찮다
入ってもいいです	들어가도 괜찮습니다
入ってもいいですか	들어가도 괜찮습니까?

→ 사용하다　使う　사용해도 괜찮다　..............................

　돌아가다　帰る　돌아가도 괜찮습니다　..............................

정답　使ってもいい, 帰ってもいいです

자연스러운 대화 속에서의 동사 て형

テレビ TV	ご飯 밥, 식사	何か 무언가	~もの ~것
キムパプ 김밥	もう 벌써	うん 응	全部 전부

(초등학생 아이와 엄마의 대화)

A : テレビ見てもいい?　..............................
　　TV 봐도 괜찮아?

B : ご飯食べてからね。　..............................
　　밥 먹고 나서.

A : 何か食べるものある?　..............................
　　뭔가 먹을 것 있어?

B : キムパプ作っておいたよ。　..............................
　　김밥 만들어 놨어.

(잠시 후 거실로 나온 아이에게)

A : もう食べた?　..............................
　　벌써 먹었어?

B : うん。全部食べてしまった。　..............................
　　응. 전부 먹어 버렸어.

93

17일차 동사의 가능형과 활용 표현

동사의 가능형은 무언가를 '할 수 있다'라는 의미를 표현하는 동사의 형태입니다.

1그룹	끝의 う단을 え단으로 바꾸고 る를 붙입니다.
2그룹	끝의 る를 빼고 られる를 붙입니다.
3그룹	する의 가능형은 できる(할 수 있다, 가능하다), 来る의 가능형은 来られる(こられる)입니다.
예외 1그룹	끝의 る를 れ로 바꾸고 る를 붙입니다.

1 1그룹 맨 끝의 う단을 え단으로 바꾼 후 る를 붙입니다.

わ	ら	や	ま	は	な	た	さ	か	あ
😆	り	😄	み	ひ	に	ち	し	き	い
を	る	ゆ	む	ふ	ぬ	つ	す	く	う
😆	れ	😄	め	へ	ね	て	せ	け	え
ん	ろ	よ	も	ほ	の	と	そ	こ	お

う단 ▶
え단 ▶

買う(사다) ➡ 買え ＋ る ＝ 買える(살 수 있다)

▶ 다음 1 그룹 동사들의 가능형을 써보세요

言う ➡ (   )   泳ぐ ➡ (   )

飲む ➡ (   )   書く ➡ (   )

정답 言える, 泳げる, 飲める, 書ける

2 2그룹 끝의 る를 빼고 られる를 붙입니다.

着る (입다) **+** られる **=** 着られる(입을 수 있다)

◎ 다음 2 그룹 동사들의 가능형을 써보세요

食べる **➡** ( ) 見る **➡** ( )

覚える **➡** ( ) 教える **➡** ( )

정답 食べられる, 見られる, 覚えられる, 教えられる

3 3그룹 する는 동사의 형태를 바꾸는 것이 아니라 '할 수 있다'라는 의미의 동사 で
きる를 가능형으로 사용합니다. 来る의 가능형인 来られる는 こられる로 읽습니다.

する **➡** できる 来る **➡** 来られる

4 예외 1그룹 끝의 る를 れ로 바꾸고 る를 붙입니다.

走る(달리다) **➡** 走れ **+** る **=** 走れる(달릴 수 있다)

◎ 다음 예외 1 그룹 동사들의 가능형을 써보세요

走る **➡** ( ) 帰る **➡** ( )

入る **➡** ( ) 切る **➡** ( )

정답 走れる, 帰れる, 入れる, 切れる

▶ 가능형 동사의 앞에는 조사 を가 아닌 が를 쓰는 것이 원칙입니다.

日本語が話せる 일본어를 말할 수 있다(= 말할 줄 안다)

料理ができる   요리를 할 수 있다(= 할 줄 안다)

▶ 가능형으로 바뀐 동사의 형태를 보면 모두 끝이 る이면서 앞이 え단인 '2그룹 동사' 입니다. 따라서 2그룹 동사의 활용 규칙에 따릅니다.

평서체	쓸 수 있다	書ける
	쓸 수 없다	書けない
	쓸 수 있었다	書けた
	쓸 수 없었다	書けなかった
경어체	쓸 수 있습니다	書けます
	쓸 수 없습니다	書けません
	쓸 수 있었습니다	書けました
	쓸 수 없었습니다	書けませんでした

■ 다음 문장을 완성해 보세요

泳ぐ 수영하다, 헤엄치다   読む 읽다   行く 가다

会う 만나다   できる 할 수 있다, 할 줄 알다   入る 들어가다

あなたは ....? この漢字、................................。

너는 수영할 줄 알아?   이 한자, 읽을 수 있습니까?

風邪で会社に ....。 やっと友達と ....。

감기로 회사에 못 갔다.   드디어 친구와 만날 수 있었어요.

最初は何も ....。 ここ、私たちも ....?

처음엔 아무 것도 할 줄 몰랐다.   여기, 우리들도 들어갈 수 있어?

정답 泳げる, 読めますか, 行けなかった, 会えました, できなかった, 入れる

자연스러운 대화 속에서의 동사 가능형

飲み会 회식　　行く 가다　　~と思う ~라고 생각하다　　ちょっと 조금

手伝う 돕다　　~まで ~까지　　大丈夫だ 괜찮다　　　　できる 할 수 있다

(저녁에 팀 회식이 있는 날. 보고서를 쓰느라 바쁜 동료에게)

A : 今日の飲み会に行けますか。..

오늘 회식에 갈 수 있어요?

B : はい、行けると思います。..

네, 갈 수 있을 거에요.

A : ちょっと手伝いましょうか。..

조금 도와줄까요?

B : 大丈夫です。6時まではできます。..

괜찮아요. 6시까지는 할 수 있어요.

🌸 **한 걸음 더!**

또 하나의 가능 표현 ~ことができる

동사의 기본형에 '**ことができる**'를 붙여도 '~할 수 있다'라는 의미가 됩니다.

- **동사 기본형 + ことができる　➡　~할 수 있다**

  会える = 会うことができる　　만날 수 있다

  読める = 読むことができる　　읽을 수 있다

- **동사 기본형 + ことができない　➡　~할 수 없다**

  会えない = 会うことができない　　만날 수 없다

  読めない = 読むことができない　　읽을 수 없다

동사의 의지형과 활용 표현

동사의 의지형은 무언가를 하고자 하는 의사를 표현하거나 상대방에게 무언가를 하자고 권유할 때 사용합니다.

1그룹	끝의 う단을 お단으로 바꾸고 う를 붙입니다.
2그룹	끝의 る를 빼고 よう를 붙입니다.
3그룹	する는 しよう, 来る는 来よう(こよう)가 됩니다.
예외 1그룹	끝의 る를 ろ로 바꾸고 う를 붙입니다.

1 **1그룹** 먼저 히라가나 표에서 う단과 お단을 확인합니다. 단어 끝의 う단을 お단으로 바꾼 후 う를 붙입니다.

わ	ら	や	ま	は	な	た	さ	か	あ
☺	り	☺	み	ひ	に	ち	し	き	い
を	る	ゆ	む	ふ	ぬ	つ	す	く	う
☺	れ	☺	め	へ	ね	て	せ	け	え
ん	ろ	よ	も	ほ	の	と	そ	こ	お

(う단 → , お단 →)

買ぅ (사다) ➡ 買お ＋ う ＝ 買おう (사려고 OR 사자)

🔘 다음 1 그룹 동사들의 의지형을 써보세요.

会う ➡ (   )   飲む ➡ (   )

話す ➡ (   )   売る ➡ (   )

정답 会おう, 飲もう, 話そう, 売ろう

2 2그룹 끝의 る를 빼고 よう를 붙입니다.

見る (보다) ＋ よう ＝ 見よう (보려고 OR 보자)

● 다음 2 그룹 동사들의 의지형을 써보세요

食べる ➡ (　　　　　　) 出る ➡ (　　　　　　)
着る ➡ (　　　　　　) 寝る ➡ (　　　　　　)
閉める ➡ (　　　　　　) 開ける ➡ (　　　　　　)

정답 食べよう, 出よう, 着よう, 寝よう, 閉めよう, 開けよう

3 3그룹 する는 しよう, 来る는 来よう(こよう)가 됩니다.

する ➡ しよう 来る ➡ 来よう

4 예외 1그룹 끝의 る를 ろ로 바꾸고 う를 붙입니다.

走る(달리다) ➡ 走ろ ＋ う ＝ 走ろう (달리려고 OR 달리자)

● 다음 예외 1 그룹 동사들의 의지형을 써보세요

走る ➡ (　　　　　　) 帰る ➡ (　　　　　　)
入る ➡ (　　　　　　) 切る ➡ (　　　　　　)

정답 走ろう, 帰ろう, 入ろう, 切ろう

동사의 의지형을 이용한 표현

| · 의지형 + と思_{おも}う | ~ 하려고 생각하다 (계획, 예정) |
| · 의지형 + とする | ~ 하려고 하다 (막 ~하려는 상황) |

· **의지형+と思う는 '~할 생각이다'라는 의미로서 계획, 예정을 말합니다.**

買_かおうと思う　　　　　살 생각이다
買おうと思います　　　　살 생각입니다

➡ 말하다　言_いう　　말할 생각이었어 ....

　 가다　　行_いく　　갈 생각이에요 ....

　 하다　　する　　할 생각입니다 ....

정답 言おうと思った, 行こうと思います, しようと思います

· **의지형 + とする는 생각만 하는 것이 아닌 행동으로 옮기려는 상황입니다.**
　~とした時_{とき}(~하려고 했을 때)의 형태로 자주 사용됩니다.

예 言おうとした時 말하려고 했을 때　　しようとした時 하려고 했을 때

　 買_かおうとする　　　　　　사려고 하다
　 買おうとした　　　　　　　사려고 했다

➡ 말하다　言_いう　　말하려고 하다 ....

　 먹다　　食_たべる　　먹으려고 했어요 ....

　 자르다　切_きる　　자르려고 하다 ....

정답 言おうとする, 食べようとしました, 切ろうとする

夏休み 여름방학　　どこか 어딘가　　~けど ~인데　　まだ 아직

一人で 혼자서　　今回 이번　　~てみる ~해 보다

~と '~と思う(~라고 생각하다)'에서 思う가 생략된 회화체 표현

(여름 방학을 앞둔 대학생 친구 사이의 대화)

A : 夏休みにどこか行く?

여름방학에 어딘가 가?

B : 日本に行こうと思うけど、まだ分からない。

일본에 가려고 생각하는데 아직 몰라.

A : 日本?一人で行こうと?

일본? 혼자 가려고?

B : 今回は一人で行ってみようと。

이번에는 혼자서 가 보려고.

🌸 한 걸음 더!

의지형을 사용할 때 주의할 점은?

- 의지형에는 '~하려고'와 '~하자'의 두 가지 의미가 있습니다.

  앞에 나온 ~ようと思う, ~ようとする에서는 '~하려고'라는 의미가 되지만
  의지형을 단독으로 쓰면 '~하자'라는 권유입니다.

  예 しよう 하자　　食べよう 먹자　　帰ろう 돌아가자, 집에 가자

- 말할 때는 의지형 + と思う에서 思う를 종종 생략합니다.

  예 しようと 하려고　　食べようと 먹으려고　　帰ろうと 돌아가려고

동사를 이용한 다양한 표현을 다시 한 번 확인하며 복습합니다.　⮕ 정답은 107 페이지

◉ 동사의 **た형**을 이용한 표현 복습

	~たことがある ~한 적이 있다	~たほうがいい ~하는 편이 좋다
会う 만나다	会ったことがある	会ったほうがいい
買う 사다		
行く 가다		
見る 보다		
帰る 돌아가다		
する 하다		
来る 오다		

◉ 동사를 시제, 의미에 맞게 바꾸고 다른 단어들과 조합해 문장을 만드세요

1. 오늘은 일찍 돌아가는 편이 좋아. (帰る, 早く, ほうがいい, は, 今日)

....

2. 그 영화 본 적이 있어요. (見る, 映画, ことがある, その)

....

3. 가수의 콘서트에 간 적 있어요? (行く, コンサート, 歌手, ことがある, の, に)

....

102

🔵 동사의 **ます형**을 이용한 표현 복습

	ます형 + たい ~하고 싶다	ます형 + に + 行く ~하러 가다	ます형 + ましょう ~합시다
<ruby>会<rt>あ</rt></ruby>う 만나다	会いたい	会いに行く	会いましょう
<ruby>買<rt>か</rt></ruby>う 사다			
<ruby>売<rt>う</rt></ruby>る 팔다			
<ruby>飲<rt>の</rt></ruby>む 마시다			
<ruby>見<rt>み</rt></ruby>る 보다			
<ruby>食<rt>た</rt></ruby>べる 먹다			
<ruby>切<rt>き</rt></ruby>る 자르다			
する 하다			

🔵 동사를 시제, 의미에 맞게 바꾸고 다른 단어들과 조합해 문장을 만드세요

1. 친구와 옷을 사러 갔다. (買う, と, 服を(옷을), に, 友達, 行く)

....

2. 맛있는 스테이크를 먹고 싶어요. (食べる, ステーキ, おいしい, が, たいです)

....

3. 오늘은 파스타를 먹으러 갑시다. (食べる, は, 行く, パスタ, 今日, を, に)

....

● 동사의 ない형을 이용한 표현 복습

	~なくてもいい ~하지 않아도 괜찮다	~ないほうがいい ~하지 않는 편이 좋다	~なければならない ~하지 않으면 안된다
会う 만나다	会わなくてもいい	会わないほうがいい	会わなければならない
買う 사다			
売る 팔다			
飲む 마시다			
見る 보다			
食べる 먹다			
切る 자르다			
する 하다			

● 동사를 시제, 의미에 맞게 바꾸고 다른 단어들과 조합해 문장을 만드세요

1. 오늘은 숙제를 해야만 한다. (する, 今日, を, は, 宿題, なければならない)

....

2. 주소는 쓰지 않아도 괜찮아요. (書く, なくてもいいです, は, 住所)

....

3. 술은 마시지 않는 편이 좋습니다. (飲む, は, ないほうがいいです, お酒)

....

동사의 て형을 이용한 표현 복습

	する 하다	作^{つく}る 만들다	食^たべる 먹다
~てしまう ~해 버리다	してしまう		
~ておく ~해 놓다	しておく		
~てみる ~해 보다	してみる		
~てみたい ~해 보고 싶다	してみたい		
~てから ~한 다음에	してから		
~てもいい ~해도 괜찮다	してもいい		

동사를 시제, 의미에 맞게 바꾸고 다른 단어들과 조합해 문장을 만드세요

1. 밥 먹은 후 바로 자 버렸다. (食べる, ご飯, しまう, から, すぐ(바로), を, 寝る)

....

2. 혼자서 일본에 가보고 싶어요. (行く, 日本, みたいです, 一人で, に)

....

3. 엄마가 김밥을 만들어 놓았다. (作る, を, キムパプ, おく, が, 母)

....

4. 오늘은 일찍 돌아가도 괜찮아요. (帰る, は, も, 早く, いいです, 今日)

....

● 동사의 가능형과 의지형 복습

	가능형	의지형
会う 만나다	会える	会おう
買う 사다		
行く 가다		
見る 보다		
帰る 돌아가다		
する 하다		
来る 오다		

● 동사를 시제, 의미에 맞게 바꾸고 다른 단어들과 조합해 문장을 만드세요

1. 요즘은 바빠서 아무데도 못갔다. (行く, どこにも, は, 忙しくて, 最近)

....

2. 사람이 많아서 들어가지 못했어요. (入る, 多くて, が, 人)

....

3. 자려고 할 때 전화가 왔다. (寝る, 電話, とした時, 来る, が)

....

4. 옷을 사러 갈 생각이에요. (行く, 服(옷), 買う, に, と思う, を)

....

동사 た형

買ったことがある・買ったほうがいい, 行ったことがある・行ったほうがいい,
見たことがある・見たほうがいい, 帰ったことがある・帰ったほうがいい,
したことがある・したほうがいい, 来たことがある・来たほうがいい

1. 今日は早く帰ったほうがいい。 2. その映画、見たことがあります。
3. 歌手のコンサートに行ったことがありますか。

동사 ます형

買いたい・買いに行く・買いましょう, 売りたい・売りに行く・売りましょう,
飲みたい・飲みに行く・飲みましょう, 見たい・見に行く・見ましょう,
食べたい・食べに行く・食べましょう, 切りたい・切りに行く・切りましょう,
したい・しに行く・しましょう

1. 友達と服を買いに行った。 2. おいしいステーキが食べたいです。
3. 今日はパスタを食べに行きましょう。

동사 ない형

買わなくてもいい・買わないほうがいい・買わなければならない,
売らなくてもいい・売らないほうがいい・売らなければならない,
飲まなくてもいい・飲まないほうがいい・飲まなければならない,
見なくてもいい・見ないほうがいい・見なければならない,
食べなくてもいい・食べないほうがいい・食べなければならない,
切らなくてもいい・切らないほうがいい・切らなければならない,
しなくてもいい・しないほうがいい・しなければならない

1. 今日は宿題をしなければならない。 2. 住所は書かなくてもいいです。
3. お酒は飲まないほうがいいです。

동사 て형

作ってしまう・作っておく・作ってみる・作ってみたい・作ってから・作ってもいい
食べてしまう・食べておく・食べてみる・食べてみたい・食べてから・食べてもいい

1. ご飯を食べてからすぐ寝てしまった。 2. 一人で日本に行ってみたいです。
3. 母がキムパプを作っておいた。 4. 今日は早く帰ってもいいです。

동사 가능형 & 의지형

買える・買おう, 行ける・行こう, 見られる・見よう, 帰れる・帰ろう, できる・しよう,
来られる・来よう

1. 最近は忙しくてどこにも行けなかった。 2. 人が多くて入れませんでした。
3. 寝ようとした時、電話が来た。 4. 服を買いに行こうと思います。

단어 연습장 부사 & 접속사

단어를 외우지 않으면 문법과 회화 모두 실력이 늘기 어렵습니다. 정확하게 반복해서 쓰면서 외워 보세요.

자주 사용하는 부사

よく 자주, 잘		とても 매우	
かなり 상당히		ぜひ 부디, 꼭	
かならず 반드시		もちろん 물론	
きっと 분명히		たくさん 많이	
だいたい 대체로		ほとんど 대부분	
もっと 더		ちょっと 조금	
あまり 별로		ぜんぜん 全然 전혀	
まったく 완전히, 정말		すこ 少しずつ 조금씩	
どんどん 점점		ゆっくり 천천히	
ときどき 가끔		ずっと 계속	

そして 그리고		**それで** 그래서	
だから 그러니까		**でわ** 그럼	
だったら 그렇다면		**それなら** 그렇다면	
でも 그래도		**だけど** 하지만	
ところが 하지만		**しかし** 그러나	
ところで 그런데		**それでも** 그런데도	
また 또, 또한		**しかも** 게다가	
それに 게다가		**または** 또는	
もしくは 또는		**あるいは** 또는	
ただし 다만, 단		**ちなみに** 참고로	

MEMO

Chapter 4
동사의 수동 & 사역 & 사역수동

"일본어 공부의 두 번째 고비"

드디어 복잡한 동사의 구분이나 활용이 끝나고
이제는 크게 어려운 부분은 없을 거라고 생각하는 순간,
일본어를 포기하고 싶어지는 또 한 번의 고비가 찾아옵니다.
바로 동사의 수동, 사역, 사역수동!

한국어에는 없는 표현이 등장하는 만큼
다시 한번 마음을 다잡고 시작해 보세요.

수동형은 누군가가 하는 행동을 당하는 사람 입장에서 표현합니다. 때로는 원치 않는 일을 당했다는 불만의 감정이 포함됩니다.

1그룹	끝의 う단을 あ단으로 바꾸고 れる를 붙입니다.
2그룹	끝의 る를 빼고 られる를 붙입니다.
3그룹	する는 される, 来る는 来られる(こられる)가 됩니다.
예외 1그룹	끝의 る를 ら로 바꾸고 れる를 붙입니다.

◉ 수동형은 동사의 현재 부정형(ない형)을 만들 때와 규칙이 동일합니다. ない 대신에 れる(1그룹), られる(2그룹)를 붙이면 됩니다.

① **1그룹과 예외 1그룹** 끝의 う단을 あ단으로 바꾼 후 れる를 붙입니다.

（단, う로 끝나는 단어는 あ가 아닌 わ)

$$作る \Rightarrow 作ら + れる = 作られる$$

② **2그룹** 단어 끝의 る를 없애고 られる를 붙입니다. 2그룹 동사의 경우 수동형과 가능형의 형태가 동일합니다.

$$見る + られる = 見られる$$

③ **3그룹** する는 される, 来る는 来られる(こられる)가 됩니다. 来る도 수동형과 가능형의 형태가 동일합니다.

$$する \Rightarrow される \quad 来る \Rightarrow 来られる(こられる)$$

앞에 나온 규칙을 보면서 다음 단어들의 수동형을 써보세요

買う か	買われる	書く か	
言う い		行く い	
作る つく		見る み	
読む よ		食べる た	
死ぬ し		する	
呼ぶ よ		来る く	

정답 言われる, 作られる, 読まれる, 死なれる, 呼ばれる, 書かれる, 行かれる, 見られる, 食べられる, される, 来られる(こられる)

수동형은 끝이 る이고 る 앞에 え단 글자가 오는 2그룹 동사의 형태입니다
2그룹 동사의 활용 규칙을 생각하면서 다음 빈칸을 채워 보세요

기본형	쓰다	書く
평서체	쓰여지다	書かれる
	쓰여지지 않다	
	쓰여졌다	
	쓰여지지 않았다	
경어체	쓰여집니다	
	쓰여지지 않습니다	
	쓰여졌습니다	
	쓰여지지 않았습니다	

정답 書かれない, 書かれた, 書かれなかった, 書かれます, 書かれません, 書かれました, 書かれませんでした

🐱 수동형의 의미와 활용

일본어에서는 당하는 입장에서 말하는 수동 표현을 많이 사용합니다. '~에 의해'라는 의미의 ~によって, '~에게'라는 의미의 조사 ~に와 함께 씁니다.

---

1 **~되다, ~해지다**   주로 사물이 주어가 되는 문장입니다.

예 書く 쓰다 ➡ 書かれる 쓰여지다　　建てる 건축하다 ➡ 建てられる 건축되다
作る 만들다 ➡ 作られる 만들어지다　発明する 발명하다 ➡ 発明される 발명되다

---

2 **~받다**   행동의 대상이 된 사람 입장에서 상황을 표현합니다.

예 愛する 사랑하다　　　➡　　　親に愛される 부모님에게 사랑받다
褒める 칭찬하다　　　➡　　　先生に褒められる 선생님에게 칭찬받다

---

3 **~히다, ~을 당하다**   안 좋은 일을 당한 상황을 감정과 함께 전합니다. 수동형을 쓰는 것만으로도 좋지 않은 기분이 전달됩니다.

예 踏む 밟다 ➡ 踏まれる 밟히다　　　押す 밀다 ➡ 押される 밀리다
足を踏まれた(발을 밟혔다)와 같이 기분이 좋지 않은 일은 주로 수동형으로 말합니다.

예 見る 보다 ➡ 見られる 보는 것을 당하다
보이고 싶지 않은 모습을 누군가가 보았을 때는 '~가 ~을 보았다'가 아닌 '보는 것을 당하다(~に見られる)'라는 수동형 표현을 주로 씁니다.

예 食べる 먹다 ➡ 食べられる 먹는 것을 당하다
"동생이 내 케익을 먹어버려 속상하다"와 같은 상황을 수동형을 써서 妹に食べられた라고 쓰면 안 좋은 감정도 함께 표현됩니다.

예 降る 비/눈 등이 내리다 ➡ 降られる 비/눈 등이 내리는 것을 당하다
雨に降られた라고 쓰면 비를 맞았다는 의미가 되며 그래서 기분이 좋지 않았다는 감정도 함께 전달됩니다.

자연스러운 대화 속에서의 동사 수동형

雨 비	降る (비/눈 등) 내리다	さんざん 엄청	大変だ 힘들다
それに 게다가	電車 전철	~では ~에서는	足 발
踏む 밟다	痛い 아프다	運 운	悪い 나쁘다

(비에 맞았는지 흠뻑 젖어서 집에 들어 온 동생에게)

A : なんだ、雨に降られたの？
뭐야, 비 맞았어?

B : うん。さんざん降られた。
응. 엄청 맞았어.

A : 大変だったね。
힘들었겠네.

B : うん。それに電車では足を踏まれて痛い。
응. 게다가 전철에서는 발을 밟혀서 아파.

A : 今日は運が悪い日だね。
오늘은 운이 나쁜 날이네.

🔵 **한 걸음 더 !**

동사의 가능형과 수동형은 형태가 똑같은데요?

앞에서 공부한 내용을 보면 2그룹 동사, 3그룹 동사 중 来る는 가능형과 수동형의 형태가 똑같다는 사실을 알 수 있습니다. 그리고 가능형은 앞으로 공부할 경어 표현에서도 사용됩니다. 형태가 동일하기 때문에 전후의 내용이나 상황을 파악해서 가능, 수동, 경어 중 어느 의미인지 판단해야 합니다.

동사의 사역형과 활용

사역형은 누군가에게 어떤 행동을 하도록 시키는 상황을 설명합니다. 시키는 사람 입장에서 상황을 표현할 때 사용합니다.

1그룹	끝의 う단을 あ단으로 바꾸고 せる를 붙입니다.
2그룹	끝의 る를 빼고 させる를 붙입니다.
3그룹	する는 させる, 来る는 来させる(こさせる)가 됩니다.
예외 1그룹	끝의 る를 ら로 바꾸고 せる를 붙입니다.

❯ 사역형은 동사의 현재 부정형(ない형)을 만들 때와 규칙이 동일합니다. ない 대신에 せる(1그룹), させる(2그룹)를 붙이면 됩니다.

1 **1그룹과 예외 1그룹** 끝의 う단을 あ단으로 바꾼 후 せる를 붙입니다.
(단, う로 끝나는 단어는 あ가 아닌 わ)

$$作る \Rightarrow 作ら + せる = 作らせる$$

2 **2그룹** 단어 끝의 る를 없애고 させる를 붙입니다.

$$見る + させる = 見させる$$

3 **3그룹** する는 させる, 来る는 来させる가 됩니다. 来させる는 こさせる라고 읽는다는 점에 주의합니다.

$$する \Rightarrow させる \qquad 来る \Rightarrow 来させる(こさせる)$$

앞에 나온 규칙을 보면서 다음 단어들의 사역형을 써보세요

買^かう	買わせる	書^かく	
言^いう		行^いく	
作^{つく}る		見^みる	
読^よむ		食^たべる	
死^しぬ		する	
呼^よぶ		来^くる	

정답 言わせる, 作らせる, 読ませる, 死なせる, 呼ばせる, 書かせる, 行かせる, 見させる, 食べさせる, させる, 来させる(こさせる)

사역형은 끝이 る이고 る 앞에 え단 글자가 오는 2그룹 동사입니다. 2그룹 동사의 활용 규칙을 생각하면서 다음 빈칸을 채워 보세요

기본형	읽다	読む
평서체	읽게 하다	読ませる
	읽게 하지 않다	
	읽게 했다	
	읽게 하지 않았다	
경어체	읽게 합니다	
	읽게 하지 않습니다	
	읽게 했습니다	
	읽게 하지 않았습니다	

정답 読ませない, 読ませた, 読ませなかった, 読ませます, 読ませません, 読ませました, 読ませませんでした

🐟 사역형의 의미와 활용

사역이란 다른 사람이 무언가를 하도록 시키는 것을 의미합니다. 사역형 문장으로 바꾸면 주어와 조사가 바뀌는 점에 주의합니다

<ruby>学生<rt>がくせい</rt></ruby>が<ruby>本<rt>ほん</rt></ruby>を<ruby>読<rt>よ</rt></ruby>む 학생이 책을 읽다

➡ <ruby>先生<rt>せんせい</rt></ruby>が学生に本を<ruby>読<rt>よ</rt></ruby>ませる 선생님이 학생에게 책을 읽게 하다

<ruby>子供<rt>こども</rt></ruby>が<ruby>ご飯<rt>はん</rt></ruby>を<ruby>食<rt>た</rt></ruby>べる 아이가 밥을 먹다

➡ お<ruby>母<rt>かあ</rt></ruby>さんが子供にご飯を<ruby>食<rt>た</rt></ruby>べさせる 엄마가 아이에게 밥을 먹이다

<ruby>友達<rt>ともだち</rt></ruby>が<ruby>電話<rt>でんわ</rt></ruby>をする 친구가 전화를 하다

➡ <ruby>私<rt>わたし</rt></ruby>が友達に電話をさせる 내가 친구에게 전화를 하도록 시키다

🐟 동사의 사역형을 이용한 표현

· ~させてください　**~하도록 해 주세요**
(~させて : 사역형 동사의 て형)

· ~させてください는 ~하도록 허가해 달라는 부탁의 의미입니다.

<ruby>座<rt>すわ</rt></ruby>らせてください　　　앉게 해 주세요

<ruby>入<rt>はい</rt></ruby>らせてください　　　들어가게 해 주십시오

➡	듣다	<ruby>聞<rt>き</rt></ruby>く	들려 주세요	....
	가다	<ruby>行<rt>い</rt></ruby>く	가게 해 주세요	....
	하다	する	하게 해 주세요	....

정답 聞かせてください, 行かせてください, させてください

🐟 **자연스러운 대화 속에서의 동사 수동형**

発表 발표	誰 누구	する ➡ させる 시키다	課長 과장
資料 자료	もう 이미, 벌써	皆に 모두에게	作る 만들다

(회사에서 회의 담당자를 누구로 할지 상의하는 부장 두 명)

A : 発表は誰にさせますか?
　　발표는 누구한테 시킬건가요?

B : パク課長にさせようと思います。
　　박과장한테 시키려고 합니다.

A : いいですね。資料はもう皆に作らせました。

　　좋네요. 자료는 이미 모두에게 작성시켰어요.

B : ありがとうございます。
　　감사합니다.

🌸 **한 걸음 더!**

고마움, 겸손함이 강조되는 '사역형 + ~てもらう'

일본어에서는 동사 사역형과 ~てもらう(p.140 참고)를 연결한 표현을 많이 사용합니다. 상대방이 나에게 '~하도록 해주었다'라는 의미로서 고마움, 겸손함이 강조됩니다. 한국어에 없는 표현인 만큼 실제 문장을 통해 익숙해져야 합니다.

姉にパソコンを使わせてもらった。	언니가 컴퓨터를 쓰게 해 주었다
友達に音楽を聞かせてもらった。	친구가 음악을 들려 주었다
先に寝かせてもらった。	(나를) 먼저 자게 해주었다

사역수동형은 상대가 시켜서 억지로 무언가를 하게 된 상황을 표현합니다. '할 수 없이'
와 같은 말이 없어도 싫다는 감정이 전달됩니다.

1그룹	끝의 う단을 あ단으로 바꾸고 せられる를 붙입니다. (す 이외의 글자로 끝나는 동사에는 される도 사용)
2그룹	끝의 る를 빼고 させられる를 붙입니다.
3그룹	する는 させられる, 来る는 来させられる(こさせられる)가 됩니다.
예외 1그룹	끝의 る를 ら로 바꾸고 せられる 또는 される를 붙입니다.

○ **사역수동형은 사역형으로 바꾼 동사를 다시 수동형으로 만든 형태입니다.**

예를 들어 待つ(기다리다)의 사역형은 待たせる로서 2그룹 동사입니다. 待たせる를
수동형으로 바꾸면 사역수동형인 待たせられる가 됩니다.

待つ ➡ 待たせる(사역형) ➡ 待たせられる(사역수동형)
見る ➡ 見させる(사역형) ➡ 見させられる(사역수동형)

1 **1그룹과 예외 1그룹** 끝의 う단을 あ단으로 바꾼 후 せられる를 붙입니다.
す 이외의 글자로 끝나는 단어에는 せられる 대신 される도 사용합니다.

飲む ➡ 飲ま ＋ せられる ＝ 飲ませられる
                    される ＝ 飲まされる

다음 1 그룹 동사들의 사역수동형을 써보세요

買う ➡ (   ) 休む ➡ (   )
話す ➡ (   ) 走る ➡ (   )

정답 会わせられる(=会わされる), 休ませられる(=休まされる), 話させられる, 走らせられる(=走ら
される)

2 **2그룹** 단어 끝의 る를 없애고 させられる를 붙입니다.

$$見\cancel{る} \quad + \quad させられる \quad = \quad 見させられる$$

🎏 다음 2 그룹 동사들의 사역수동형을 써보세요

食べる ➡ (   )   寝る ➡ (   )

覚える ➡ (   )   着る ➡ (   )

정답 食べさせられる, 寝させられる, 覚えさせられる, 着させられる

3 **3그룹** する는 させられる, 来る는 来させられる가 됩니다.
　　　　来させられる는 こさせられる라고 읽습니다.

$$する \quad ➡ \quad させられる \qquad 来る \quad ➡ \quad 来させられる$$

🎏 앞의 설명을 보면서 다음 단어들의 사역형, 사역수동형을 써보세요

기본형	사역형	사역수동형
買う 사다	買わせる	買わせられる
飲む 마시다		
休む 쉬다		
直す 고치다		
止める 그만두다		
する 하다		
来る 오다		

정답 飲ませる・飲ませられる(=飲まされる), 休ませる・休ませられる(=休まされる), 直させる・直させられる, 止めさせる・止めさせられる, させる・させられる, 来させる・来させられる

🐟 사역수동형의 의미와 활용

> 사역수동형은 본인이 원하지 않는 일을 억지로 당한 상황을 말할 때 사용합니다. 사역수동형을 쓰면 '억지로', '할 수 없이'와 같은 말이 없어도 원치 않았다는 감정이 전달됩니다.

* 한국어에는 없는 표현인만큼 실제로 쓰이는 상황을 통해 정확하게 이해하고 연습합니다.

· 상사가 억지로 술을 먹인 상황

한국어 부장님이 억지로 술을 먹였다

일본어 部長に酒を飲まされた (부장님에게 술을 마시게 함을 당했다)

➡ '억지로'라는 말이 없어도 마시고 싶지 않았다는 감정이 전달됩니다

· 본인 의사와 달리 회사를 쉬게 된 상황

한국어 (징계 등을 받아) 어쩔 수 없이 회사를 쉬게 되었다

일본어 会社を休ませられた (회사를 쉬게 하는 것을 당했다)

➡ 본인은 쉬고 싶지 않았지만 할 수 없이 쉬게 된 상황입니다

· 억지로 달리기를 하게 된 상황

한국어 (선생님한테 벌을 받아) 억지로 운동장을 뛰었다

일본어 グラウンドを走らされた (운동장을 달리게 하는 것을 당했다)

➡ 뛰고 싶지 않았지만 달릴 수밖에 없었던 상황, 감정을 표현합니다.

· 오기 싫은 곳을 억지로 오게 된 상황

한국어 (오고 싶지 않았는데) 억지로 오게 되었다

일본어 飲み会に来させられた (회식에 오게 하는 것을 당했다)

➡ 오고 싶지 않았지만 타인의 강요로 인해 억지로 온 경우입니다

열공실전 자연스러운 대화 속에서의 사역 수동형

昨日 어제	飲み会 회식, 술자리	部長 부장
さんざん 엄청, 매우	飲む 마시다	大変だ 힘들다

(어제 회사 술자리에 갔던 동료에게)

A : 昨日の飲み会はどうでしたか。...
　　어제 술자리는 어땠어요?

B : 部長にさんざん飲まされましたよ。...
　　부장이 (나를) 엄청 먹였어요.

A : 大変でしたね。...
　　힘들었겠네요.

大丈夫だ 괜찮다	反省文 반성문	~枚 ~장(종이)	書く 쓰다
それで 그걸로	終わり 끝	グラウンド 운동장	
走る 달리다	これから 앞으로	気をつける 조심하다	

《학교에서 큰 싸움을 해서 교무실에 불려 갔다 온 친구에게》

A : 大丈夫?　　　　　　　　...
　　괜찮아?

B : 反省文を10枚も書かされたよ。...
　　반성문을 10장이나 썼어.

A : それで終わり?　　　　　...
　　그걸로 끝?

B : いや、グラウンドも走らされた。...
　　아니, 운동장도 뛰었어.

A : これからは気をつけてよ。...
　　앞으로는 조심해.

동사의 수동형, 사역형, 사형수동형을 다시 한 번 복습합니다.  정답은 127 페이지

동사의 수동/사역/사역수동형 표현 복습

	수동형	사역형	사역수동형
会う 만나다	会われる	会わせる	会わせられる
買う 사다			
行く 가다			
食べる 먹다			
帰る 돌아가다			
する 하다			
来る 오다			

수동/사역/사역수동형의 의미를 잘 생각하며 한 문장씩 따라 써 보세요

수동형

1. このビルは50年前に建てられた。(ビル 빌딩 ~前 ~전 建てる 건축하다)
   이 빌딩은 50년전에 건축되었다.

....

2. おばあさんにとても愛された。(とても 매우 愛する 사랑하다)
   할머니에게 굉장히 사랑받았다.

....

3. 電車の中で足を踏まれて痛い。(電車 전철 ~中で ~안에서 足 발 踏む 밟다)
전철 안에서 발을 밟혀서 아파.

4. 雨に降られて風邪を引いてしまった。(風邪を引く 감기에 걸리다)
비를 맞아서 감기에 걸리고 말았다.

사역형

1. お母さんが子供に水を飲ませた。(水 물 飲む 마시다)
엄마가 아이에게 물을 먹였다.

2. 先生はみんなに漢字を書かせた。(漢字 한자 書く 쓰다)
선생님은 모두에게 한자를 쓰라고 시켰다.

3. 毎日、2時間も運動をさせた。(毎日 매일 運動 운동)
매일 2시간이나 운동을 시켰다.

4. 私たちも入らせてください。(私たち 우리들)
저희들도 들어가게 해주세요.

사역수동형

1. 友達にお酒をたくさん飲まされた。
   친구가 (나에게) 술을 많이 먹였다.

2. 行きたくない部署に行かされた。(部署 부서)
   가고 싶지 않은 부서에 보내졌다.

3. 妹にカバンを買わせられた。
   여동생한테 가방을 사주었다(억지로).

4. 遅刻をしてグラウンドを1時間も走らされた。(遅刻 지각　グラウンド 운동장)
   지각을 해서 운동장을 1시간이나 달렸다.

수동/사역/사역수동형

買われる・買わせる・買わせられる(=買わされる)
行かれる・行かせる・行かせられる(=行かされる)
食べられる・食べさせる・食べさせられる
帰られる・帰らせる・帰らせられる
される・させる・させられる
来られる・来させる・来させられる

단어 연습장 관용어

<ruby>頭<rt>あたま</rt></ruby> 머리　<ruby>顔<rt>かお</rt></ruby> 얼굴　<ruby>耳<rt>みみ</rt></ruby> 귀　<ruby>目<rt>め</rt></ruby> 눈　<ruby>鼻<rt>はな</rt></ruby> 코　<ruby>口<rt>くち</rt></ruby> 입

자주 사용하는 관용어

<ruby>頭<rt>あたま</rt></ruby>が<ruby>固<rt>かた</rt></ruby>い 융통성이 없다	
<ruby>顔<rt>かお</rt></ruby>が<ruby>広<rt>ひろ</rt></ruby>い 발이 넓다	
<ruby>耳<rt>みみ</rt></ruby>にする 듣다	
<ruby>耳<rt>みみ</rt></ruby>を<ruby>立<rt>た</rt></ruby>てる 귀를 기울여 듣다	
<ruby>目<rt>め</rt></ruby>を<ruby>通<rt>とお</rt></ruby>す 대강 훑어보다	
<ruby>鼻<rt>はな</rt></ruby>が<ruby>高<rt>たか</rt></ruby>い 콧대가 높다, 우쭐하다	
<ruby>口<rt>くち</rt></ruby>が<ruby>軽<rt>かる</rt></ruby>い 입이 가볍다	
<ruby>口<rt>くち</rt></ruby>が<ruby>重<rt>おも</rt></ruby>い 입이 무겁다	
<ruby>口<rt>くち</rt></ruby>に<ruby>合<rt>あ</rt></ruby>う 입에 맞다	
<ruby>口<rt>くち</rt></ruby>にする 먹다, 말하다	

<ruby>手<rt>て</rt></ruby> 손　<ruby>足<rt>あし</rt></ruby> 발　<ruby>肩<rt>かた</rt></ruby> 어깨　<ruby>腰<rt>こし</rt></ruby> 허리　<ruby>腹<rt>はら</rt></ruby> 배

<ruby>手<rt>て</rt></ruby>に<ruby>入<rt>い</rt></ruby>れる 손에 넣다, 구하다	
<ruby>足<rt>あし</rt></ruby>を<ruby>洗<rt>あら</rt></ruby>う (나쁜 일에서) 손을 떼다	
<ruby>肩<rt>かた</rt></ruby>を<ruby>持<rt>も</rt></ruby>つ 편들다	
<ruby>腰<rt>こし</rt></ruby>が<ruby>低<rt>ひく</rt></ruby>い 겸손하다	
<ruby>腹<rt>はら</rt></ruby>が<ruby>立<rt>た</rt></ruby>つ 화나다	
<ruby>気<rt>き</rt></ruby>に<ruby>入<rt>い</rt></ruby>る 마음에 들다	
<ruby>気<rt>き</rt></ruby>にする 신경을 쓰다	
<ruby>気<rt>き</rt></ruby>が<ruby>合<rt>あ</rt></ruby>う 마음이 맞다	
<ruby>気<rt>き</rt></ruby>が<ruby>利<rt>き</rt></ruby>く 눈치가 빠르다	
<ruby>気<rt>き</rt></ruby>をつける 조심하다	

MEMO

Chapter 5
일본어 특유의 표현

"중상급으로 가기 위한 발돋움"

일본어에는 한국어에는 없는 특유의 표현들이 있습니다.
익숙하지 않은 표현이라 어려울 수 있지만
이러한 표현을 적절하게 사용하면
자연스러운 일본어를 말할 수 있습니다.

일본어 특유의 표현으로
일본어 실력을 한 단계 더 높여 보세요

~ている, ~てある의 의미와 활용

24일차

~ている, ~てある는 '~하고 있다', '~되어 있다'라고 번역되지만 한국어와는 쓰임이 다르기도 하니 설명을 차분히 읽어보세요.

~ている	① ~하고 있다 : 현재 진행되고 있는 것
	② ~한 상태이다 : 어떤 상태가 지속되고 있는 것
~てある	~한 상태이다 : 무언가를 위해 '의도적으로' 해 놓은 것

▶ **~ている, ~てある는 동사 て형에 いる, ある를 붙여서 만듭니다.**

동사 て형 만들기(p.90 참고)

1그룹 う・つ・る ➡ って, ぬ・む・ぶ ➡ んで

く・ぐ・す ➡ いて, いで, して (行くは 예외적으로 行って)

2그룹 る ➡ て

3그룹 する ➡ して, 来る ➡ 来て **예외 1그룹** る ➡ って

🎏 **다음 동사들의 ~ている형, ~てある형을 써 보세요** (止める 세우다)

待^まつ	待っている	買^かう	買ってある
降^ふる		置^おく	
読^よむ		作^{つく}る	
寝^ねる		止^とめる	
見^みる		入^いれる	
走^{はし}る		切^きる	

정답 降っている, 読んでいる, 寝ている, 見ている, 走っている, 置いてある, 作ってある, 止めてある, 入れてある, 切ってある

🎏 ~ている의 의미와 활용

1 **진행**   어떤 행동을 계속하고 있는 상황. '~하고 있는 중'

예
本を読んでいる   책을 읽고 있다

子供が寝ています   아이가 자고 있습니다

テレビを見ています   TV를 보고 있어요

2 **상태**   유지되고 있는 상황. '~해져 있다', '~한 상태이다'

예
お金が落ちている   돈이 떨어져 있다 (お金 돈, 落ちる 떨어지다)

名前を知っている   이름을 알고 있다 (名前 이름, 知る 알다)

猫が死んでいます   고양이가 죽어 있어요 (猫 고양이, 死ぬ 죽다)

窓が開いています   창문이 열려 있습니다 (窓 창문, 開く 열리다)

한국어에서는 단순 과거형으로 말하지만 일본어에서는 ~ている를 써서 말하는 표현들이 있습니다.

A : 鈴木さんは結婚していますか。   스즈키씨는 결혼하셨어요?

B : はい、しています。   네, 했어요. (結婚する 결혼하다)

▶ 결혼한 상태가 계속 이어지고 있다는 의미입니다. '결혼했어요(結婚しました)'라고 하면 지금도 결혼한 상태에 있는지, 결혼했지만 이혼 등으로 헤어졌는지 알 수 없는 애매한 의미가 됩니다.

A : あの時、彼を殺しましたか。   그때, 그를 죽였습니까? (殺す 죽이다)

B : いいえ、殺していません。   아니요, 죽이지 않았습니다.

▶ 법정에서 답변할 때 과거형인 殺しませんでした라고 말하면 그 때는 죽이지 않았지만 그 이후에는 알 수 없다는 의미가 될 수 있습니다. ~ている를 써야 그 이후에도 죽이지 않았다고 정확히 전달됩니다.

A : ご飯食べた？　　　　　　　　　　밥 먹었어?

B : まだ食べていない。　　　　　　　아직 안 먹었어. (いない : いる의 부정형)

▶ 한국어에서는 '안 먹었어'라는 과거형을 쓰지만 일본어에서는 '먹지 않은 상태가 이어지고 있다'라는 의미의 食べていない라고 대답해야 자연스럽습니다.

잠깐! 회화에서는 ~ている에서 い를 생략하는 경우가 많습니다.

読んでいる　➡　読んでる　　　　知っている　➡　知ってる

開いています　➡　開いてます　　　食べていない　➡　食べてない

~てある의 의미와 활용

> '타동사의 て형 + ある'는 누군가가 '의도적으로' 해 놓은 일이라는 것을 알고 있을 때, 또는 본인이 일부러 한 일에 대해 사용합니다.

テーブルにお金が置いてあった。 테이블에 돈이 놓여져 있었다.

車は前に止めてある。 자동차는 앞에 세워져 있다. (止める 세우다, 정차하다)

ケーキは四つに切ってある。 케익은 4개로 잘라져 있다.

▶ 엄마가 아이를 위해 일부러 돈을 놓아두었거나 짐을 실으려고 남편이 차를 집 앞에 세워둔 상황 등 ~てある의 형태를 쓰면 어떤 목적을 위해 일부러 해 놓은 상태라는 것을 알 수 있습니다.

▶ 예를 들어 방의 창문이 열려 있을 때 자동사인 開く(열리다)를 써서 開いている라고 하면 단순히 창문이 열려 있는 상태를 설명하는 것이고 타동사 開ける(열다)를 써서 開けてある라고 하면 누군가가 환기 등을 위해 일부러 열어놓았다는 것을 알고 있는 상황입니다.

다음 문장을 완성해 보세요

降る (눈/비가) 내리다　　　落ちる 떨어지다　　　結婚する 결혼하다
知る 알다　　　寝る 자다　　　置く 놓다

朝から雨が .... 。　　道にお金が .... 。
아침부터 비가 내리고 있어.　　　　　　길에 돈이 떨어져 있었다.

キム代理は .... 。　　あの人の名前 .... 。
김 대리는 결혼했어요?　　　　　　　　저 사람 이름, 알아요?

子供はまだ .... 。　　母が作ったパンが .... 。
아이는 아직 자고 있습니다.　　　　　　엄마가 만든 빵이 놓여 있었다.

정답 降っている, 落ちていた, 結婚していますか, 知っていますか, 寝ています, 置いてあった

자연스러운 대화 속에서의 ~ている와 ~てある

試験 시험　　　スケジュール 스케줄　　　知る 알다
明日 내일　　　英語 영어　　　明後日 모레
お知らせ 공지　　　貼る 붙이다　　　~から ~이니까

(다음 주부터 시험이 시작되는 중학교)

A : 試験のスケジュール知ってる? ....
　　시험 스케줄 알고 있어?

B : うん。明日は英語だよ。 ....
　　응. 내일은 영어야.

A : 明後日は? ....
　　모레는?

B : お知らせが貼ってあるから見て。 ....
　　공지가 붙어 있으니까 봐.

135

~てくる, ~ていく의 의미와 활용

~てくる, ~ていく는 상태의 변화, 행동의 방향성을 표현하는 문형입니다. 한국어에는 없는 표현이 많아 주의가 필요합니다.

~てくる (~해 오다)	① 과거부터 지금까지 변화, 진행되어 온 것
	② 타인이 나를 향해 오는 것
	③ 다른 곳에서 현 위치로 오는 것
	④ 어떤 상황이나 변화가 시작되는 것
	⑤ 과거부터 계속하거나 유지해 오고 있는 일
~ていく (~해 가다)	① 현재부터 앞으로 변화, 진행되어 갈 것
	② 내가 타인을 향해 가는 것
	③ 현 위치에서 점차 멀어져 가는 것
	④ 현재부터 앞으로 계속하거나 유지해 나갈 일

▶ **~てくる, ~ていく는 동사 て형에 くる, いく를 붙여서 만듭니다.**

太る(살찌다) ➡ 太ってきた   走る(달리다) ➡ 走ってくる

買う(사다) ➡ 買っていく   増える(늘다) ➡ 増えていく

🎏 **다음 동사들의 ~てくる형, ~ていく형을 써 보세요**

買う	買ってくる	買っていく
持つ		
作る		
食べる		
増える(늘다)		
なる(되다)		

정답 持ってくる, 持っていく, 作ってくる, 作っていく, 食べてくる, 食べていく, 増えてくる, 増えていく, なってくる, なっていく

~てくる의 의미와 활용

1 과거부터 지금까지 변화, 진행되어 온 것

예　太った(살쪘다)　　　　　단순히 살이 쪘다는 결과를 설명

　　太ってきた　　　　　　　점차적으로 살이 쪄 왔다는 과정, 변화를 강조

　　寒くなった(추워졌다)　　날씨가 추워진 결과를 설명 (なる ~해지다)

　　寒くなってきた　　　　　점차 온도가 떨어져 추워졌다는 변화를 강조

　➡ ~てくる를 쓰면 점차 달라져 왔다는 '변화'의 의미가 부각됩니다.

2 타인이 나를 향해 오는 것

예　父がチキンを買ってくる　　아버지가 치킨을 사 오다

　　友達が走ってくる　　　　　친구가 (내가 있는 쪽으로) 달려 오다

3 다른 곳에서 현 위치로 오는 것

예　お昼を食べてきた　　　점심을 먹고 왔다 (お昼 점심식사, 점심 시간)

　　散歩をしてくる　　　　산책을 하고 오다 (散歩をする 산책을 하다)

4 어떤 상황이나 변화가 시작되는 것

예　いきなり雨が降ってきた　　갑자기 비가 오기 시작했다 (いきなり 갑자기)

　　やっと変わってきた　　　　드디어 변하기 시작했다 (変わる 변하다)

5 과거부터 계속 하거나 유지해 오고 있는 일

예　１０年間、韓国語を教えてきた　　10년간 한국어를 가르쳐 왔다

　　一人で子供を育ててきた　　　　혼자서 아이를 길러 왔다 (育てる 기르다)

~ていく의 의미와 활용

1 현재부터 앞으로 변화, 진행되어 갈 것

예 増える(증가하다)　　　　　　　앞으로 증가한다는 단순 사실을 설명

　増えていく　　　　　　　　　　점차적, 지속적으로 늘어날 것이라는 변화를 강조

　寒くなる(추워진다)　　　　　　단순히 날씨가 추워진다는 사실을 설명

　寒くなっていく　　　　　　　　점차 온도가 떨어져 추워질 것이라는 변화를 강조

2 내가 타인을 향해 가는 것

예 プレゼントを買っていく　　　선물을 사 가다

　母に走っていく　　　　　　　　엄마에게 달려가다

3 현 위치에서 점차 멀어져 가는 것

예 お昼を食べていく　　　　　　　점심을 먹고 (다른 곳으로) 가다

　展示会を見ていく　　　　　　　전시회를 보고 (다른 곳으로) 가다

4 현재부터 앞으로 계속하거나 유지해 나갈 일

예 これから韓国語を教えていく　지금부터 한국어를 가르칠 것이다

　一人で子供を育てていく　　　(앞으로) 혼자서 아이를 기를 것이다

🌸 한 걸음 더!

~てくる, ~ていく에서 来る 와 行く는 왜 히라가나로 쓰나요?

일본어에서는 동사가 다른 동사의 의미를 보완하는 '보조동사'로 쓰일 때는 한자가 아닌 히라가나로 표기합니다.

~てみる (~해 보다)　　　　~てくる (~해 오다)　　　　~ていく(~해 가다)

138

다음 문장을 완성해 보세요

買う 사다	食べる 먹다	増える 늘다(증가하다)
乗る 타다	やる 하다	

頼んだケーキは .... ? ご飯は ....。

부탁한 케이크는 사 왔어? 밥은 먹고 왔어요?

交通事故が .... 。 これからも ....でしょう。

교통사고가 (점점) 늘었다. 앞으로도 늘어 날 것이다.

電車に .... 。 一人で ....つもりだ。

전철을 타고 갑니다. 혼자서 해 나갈 계획이다.

자연스러운 대화 속에서의 ~てくる와 ~ていく

大阪 오사카	車 자동차	行く 가다
新幹線 신칸센(일본 고속철도)	~に乗る ~을 타다	帰る 돌아오다
お菓子 과자	買う 사다	

（오사카로 출장가는 동료에게）

A : 大阪までは車で行きますか? ....

오사카까지는 차로 가나요?

B : いいえ、新幹線に乗っていきます。 ....

아니요, 신칸센을 타고 갑니다.

A : 明日帰ってきますか? ....

내일 돌아오세요?

B : はい。お菓子でも買ってきます。 ....

네. 과자라도 사 올게요.

139

くれる・もらう・あげる의 의미와 활용

일본어에는 '주다'라는 의미의 동사가 3개 있습니다. 상황에 맞는 동사의 사용법을 잘 이해하고 연습합니다.

くれる	타인이 나에게 무언가를 주는 것
~てくれる	타인이 나에게 무언가를 해 주는 것
もらう	내가 타인에게 무언가를 받는 것
~てもらう	내가 타인에게 무언가를 해 받는 것
あげる	나/타인이 타인에게 무언가를 주는 것
~てあげる	나/타인이 타인에게 무언가를 해 주는 것

＊ 단, あげる는 아랫사람이나 동등한 사람에게만 사용

· **くれる · もらう · あげる에는 각각 방향성이 정해져 있습니다**

くれる 타인 ➡ 나(주다)

もらう 타인 ➡ 나(받다)

あげる　나 ➡ 타인(주다), 타인 ➡ 타인(주다)

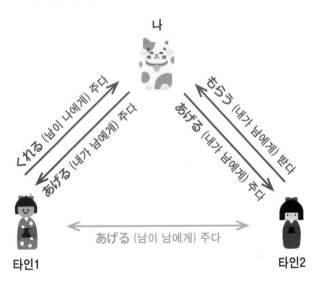

くれる・もらう・あげる의 의미와 활용

くれる, ~てくれる를 쓰면 '나에게'라는 말이 없어도 남이 나에게 '주었다' 또는 '~해 주었다'라는 의미가 됩니다

_{ともだち}
友達がプレゼントをくれた   친구가 (나에게) 선물을 주었다

友達がプレゼントを買ってくれた   친구가 (나에게) 선물을 사 주었다

もらう는 내가 '받았다'라는 뜻입니다. ~てもらう는 다른 사람이 나에게 무언가 해 준 것을 내 입장에서 표현하는 문형으로, 상대방에 대한 고마운 마음이 포함되어 있습니다. * 조사 ~に(~에게)나 ~から(~로부터)를 사용합니다.

_{ともだち}
友達からプレゼントをもらった   친구에게 선물을 받았다

友達にプレゼントを買ってもらった   친구에게 선물을 사 받았다

                             = 친구가 선물을 사 주었다(고맙다)

_{せんせい　おし}
先生に教えてもらった   선생님께 가르침을 받았다

                             = 선생님이 가르쳐 주셨다(감사하다)

あげる는 내가 남에게, 또는 남이 남에게 '주었다', ~てあげる는 '~해 주다'라는 뜻이며 윗사람에게는 쓰지 않습니다.

* 동물에게 사료를 주거나 식물에 물을 준다는 표현에서는 あげる 대신 やる라는 동사를 사용하는 것이 원칙입니다.

_{むすこ}
息子にプレゼントをあげた   아들에게 선물을 주었다

息子にプレゼントを買ってあげた   아들에게 선물을 사 주었다

_{まいにち　ちち　はな　みず}
毎日、父が花に水をやる   매일 아버지가 꽃에 물을 준다

🐟 다음 문장에서 밑줄 친 '주다', '받다'는 くれる, もらう, あげる 중 어느 것을 써야 하는 지 구분해 보세요 (맞는 것에 동그라미)

엄마가 아빠에게 선물을 <u>주었다</u>	くれる	もらう	(あげる)
동료에게 회의 자료를 <u>받았다</u>	くれる	もらう	あげる
내가 <u>준</u> 책은 읽었어?	くれる	もらう	あげる
비용은 회사에서 <u>받는다</u>	くれる	もらう	あげる
친구가 (나에게) 선물을 <u>주었다</u>	くれる	もらう	あげる
선생님이 (나에게) 참고서를 <u>주셨다</u>	くれる	もらう	あげる

정답 もらう, あげる, もらう, くれる, くれる

🐟 다음 문장을 완성해 보세요

くれる 주다	あげる 주다	もらう 받다	よ 読む 읽다
おく 送る 보내다	か 買う 사다	つく 作る 만들다	

ちち こづか
父が小遣いを ....。

아빠가 용돈을 주셨어요.

せんせい ほん
先生に本を ....。

선생님이 책을 읽어 주었다. (もらう를 사용하여)

こうはい しりょう
後輩に資料を ....。

후배에게 자료를 보내 주었다.

あね   さいふ な
姉が .... 財布を無くした。

언니가 사 준 지갑을 잃어버렸다.

はは   かし
母がお菓子を ....。

엄마가 과자를 만들어 주셨어요.

し   ひと
知らない人からメールを ....。

모르는 사람한테 메일을 받았다.

정답 くれました, 読んでもらった, 送ってあげた, 買ってくれた, 作ってくれました, もらった

142

旅行 여행	楽しい 즐겁다	役立つ 도움이 되다
カフェ 카페	教える 알려주다	どころ 곳, 장소
全部 전부	読む 읽다	出す 내놓다

(일본 여행을 다녀온 친구와의 대화)

A : 日本旅行は楽しかった?

일본 여행은 즐거웠어?

B : うん。あなたがくれた本が役立った。

응. 니가 준 책이 도움됐어.

A : あのカフェには行ってみた?

그 카페에는 가 봤어?

B : うん。あなたから教えてもらったどころは全部行ったよ。

응. 너한테 알려줌을 받은 곳은 전부 갔어. (= 니가 알려 준)

🌀 한 걸음 더!

윗 사람에게 "제가 ~해 드릴까요"라고 할 때는?

한국어에는 윗사람에게 정중하게 제안하는 "~해 드릴까요?"라는 표현이 있습니다. 이
것을 직역하면 ~てあげましょうか가 되지만 앞에서 あげる는 윗사람에게 쓰지 않는
다고 설명했습니다. 그러면 뭐라고 해야 할까요?

이때는 あげる를 뺀 ましょう형을 사용합니다.

예를 들어 "제가 들어 드릴까요?"는 持ってあげましょうか 아닌 私が持ちましょう
か(제가 들까요?)라고 말합니다.

일본어에는 조건이나 가정을 뜻하는 '~(이)라면'이라는 표현이 4종류나 있습니다. 상황에 따라 다른 형태를 사용합니다.

~と	**변하지 않는 사실, 규칙, 습관을 말할 때 사용합니다.** · 동사·형용사 기본형 + と · 명사 + だと
~なら	**일어나지 않은 상황을 가정하거나 이야기를 시작하기 위해 먼저 대화의 주제를 제시할 때 주로 사용합니다.** · 동사 / い형용사 기본형 + なら · な형용사의 어간 + なら · 명사 + なら
~ば	**객관적 사실을 설명하거나 선택지가 두 가지만 있는 상황 중 하나를 선택해 가정할 때 등에 사용합니다.** · 동사 : 끝 글자를 え단으로 바꾸고 + ば 　(단, する → すれば, 来る → 来れば(くれば)) · い형용사 : い를 뺀 어간 + ければ · な형용사, 명사 : ~ば의 형태가 없습니다.
~たら	**'~하면 ~할 것이다'라는 가정, '~했더니 ~였다'라는 결과, '~해보면 (어때)?'라는 제안 등에 사용합니다.** · 동사, 형용사의 た형(평서체 과거형) + ら · 명사 + だったら

· と・なら・ば・たら는 모두 '~라면', '~한다면'으로 번역됩니다. 하지만 일본어에서는 상황에 따라 4개 표현을 구분해 사용합니다.
· 우선 동사, 형용사, 명사의 변화 규칙을 암기한 후 각각의 표현들이 사용되는 상황을 예문을 통해 이해합니다.

~と의 형태와 활용

변하지 않는 사실(과학적 이론, 규칙, 법률 등)에 사용합니다. 습관, 상황 등에 쓰면 '변함없이 항상'이라는 의미가 강조됩니다.

· 동사·형용사 기본형 + と, 명사 + だと (부정 : ~ないと)

行く → 行くと, 寒い → 寒いと, 静かだ → 静かだと, 車 → 車だと

割る(나누다) 6を2で	3になる。	6을 2로 나누면 3이 된다. (법칙)
ない(없다) お金が	買えない。	돈이 없으면 살 수 없다. (규칙)
起きる 毎朝	水を飲む。	매일 아침 일어나면 물을 마신다. (습관)
バス	1時間かかる。	버스라면 1시간 걸린다. (변함없는 상황)

정답 割ると, ないと, 起きると, バスだと

~なら의 형태와 활용

아직 일어나지 않은 상황에 대해 '~할 것이라면'이라고 가정하거나 이야기를 시작할 때 '~에 대해 말한다면'이라고 주제를 제시합니다.

· 동사·い형용사 기본형, な형용사 어간, 명사 + なら (부정 : ~ないなら)

行く → 行くなら, 寒い → 寒いなら, 静かだ → 静かなら, 車 → 車なら

捨てる(버리다)	私がもらう。	버릴 거면 내가 받을게. (가정)
行く	一緒に行こう。	갈 거면 같이 가자. (가정)
行く あなたが	私も行かない。	니가 안가면 나도 안가. (가정)
車	、スポーツカーが好き。	자동차는 스포츠카를 좋아해. (주제)

정답 捨てるなら, 行くなら, 行かないなら, 車なら

일반적 상식을 말할 때, 또는 '가거나 안 가거나'와 같이 선택할 것이 두 가지뿐인
상황에서 하나를 선택해 가정할 때 주로 사용합니다.

· 동사는 끝을 え단으로 + ば, い형용사는 い → ければ (부정 : ~なければ)
　3그룹 동사인 する는 すれば, 来る는 来れば(くれば)

　行く → 行けば, 行かなければ　寒い → 寒ければ, 寒くなければ

~と는 예외가 거의 없는 규칙이나 상황에, ~ば는 일상 생활 속의 상식을 말할 때 주로
사용합니다. 속담에는 주로 ~ば가 쓰입니다.

積もる(쌓이다)	ちりも	山となる。	먼지도 쌓이면 산이 된다. (속담)
する	勉強	分かる。	공부하면 알 수 있다. (일반적 상식)
行く	いやなら、	いい。	싫으면, 안 가면 된다. (선택 가정)
寝る	風邪は	良くなる。	감기는 자면 좋아진다. (선택 가정)

정답 積もれば, すれば, 行かなければ, 寝れば

~ば가 들어간 관용 표현

· ~ばどう？　~하는 것은 어때?
　先生に聞いてみればどう？　　　선생님한테 물어 보는 게 어때?

· ~ばよかった　~하면 좋았을걸(후회, 아쉬움)
　もっと勉強すればよかった。　　더 공부하면 좋았을 텐데.

· ~ば + 동사 기본형 + ほど　~하면 할수록
　勉強すれば勉強するほど。　　　공부하면 공부할수록.

~たらの 형태와 활용

'~하면 ~할 것이다'와 같이 뒤에 나오는 내용을 위한 전제 조건을 말할 때나 '~했더니 ~였다'와 같이 과거의 결과 등에 사용합니다.

· **동사·형용사의 た형 + ら, 명사 + だったら (부정 : ~なかったら)**

　3그룹 동사인 する는 したら, 来る는 来たら(きたら)

　行く → 行ったら，　寒い → 寒かったら，　静かだ → 静かだったら

ある	お金(かね)が .... 何(なに)がしたい?	돈이 있다면 뭐가 하고 싶어? (조건)
暑(あつ)い	.... エアコンをつけて。	더우면 에어컨 켜. (조건)
帰(かえ)る	.... 誰(だれ)もいなかった。	돌아왔더니 아무도 없었다. (결과)
起(お)きる	.... 雨(あめ)が降(ふ)っていた。	일어났더니 비가 오고 있었다. (결과)

정답 あったら、暑かったら、帰ったら、起きたら

~たらが 들어간 관용 표현

~たらいい ~하면 된다, ~하면 좋다

先生(せんせい)に聞(き)いたらいい。　　　　　선생님한테 물어보면 된다.

誰(だれ)と行(い)ったらいいですか。　　　　　누구랑 가면 좋을까요?

~たらどう? ~하는 것은 어때?

先生(せんせい)に聞(き)いてみたらどう！　　　선생님안테 물어 보는 세 어때！

동사 た형 + かと思(おも)ったら ~인가 했더니(싶더니)

終(お)わったかと思(おも)ったらまた始(はじ)まった。　끝났나 했더니 또 시작했다.

雨(あめ)かと思(おも)ったら雪(ゆき)だった。　　　　　비인가 했더니 눈이었다.

불확실한 상황을 설명하거나 자신의 추측을 말할 때 쓰는 '~인 듯하다'에 해당하는 표현은 4종류가 있습니다.

~ようだ	어떤 상황에 대한 주관적인 추측을 말할 때, 또는 무언가를 다른 것에 비유할 때 사용합니다. · 의미 : ~인 듯하다, ~와 같다 · 동사·い형용사의 보통형, な형용사·명사의 명사수식형 + ようだ
~みたいだ	**~ようだ의 구어체 표현. な형용사, 명사의 접속 형태가 다릅니다.** · 의미 : ~인 듯하다, ~와 같다 · 동사, い·な형용사, 명사의 보통형 + みたい 　(단, な형용사, 명사 현재형(기본형) 끝의 だ는 쓰지 않음)
~そうだ	눈으로 직접 보면서 느끼는 감정을 말하거나, 직접 경험할 수 있는 것에 대한 추측을 전달할 때 주로 사용합니다. · 의미 : ~일 것 같다, ~이겠다 · 동사 ます형, い·な형용사 어간 + そうだ
~らしい	어느 정도 객관적 사실에 근거한 자신의 추측, 혹은 어디선가 들었지만 확실하지 않은 내용을 전달합니다. · 의미 : ~라는 것 같다, ~인 것 같다 · 동사, い·な형용사, 명사의 보통형 + らしい 　(단, な형용사, 명사 현재형(기본형) 끝의 だ는 쓰지 않음)

· **보통형이란 평서체의 4가지(현재 / 현재부정 / 과거 / 과거부정)를 말합니다.**

　な형용사, 명사의 '명사수식형'은 だ가 붙은 현재형(기본형)이 아닌 명사를 수식할 때의 형태 (~な,~の)가 포함된다는 점에 주의합니다.

동사 보통형	行く, 行かない, 行った, 行かなかった
い형용사 보통형	高い, 高くない, 高かった, 高くなかった
な형용사 보통형	好きだ, 好きではない, 好きだった, 好きではなかった
な형용사 명사수식형	好きな, 好きではない, 好きだった, 好きではなかった
명사 보통형	車だ, 車ではない, 車だった, 車ではなかった
명사 명사수식형	車の, 車ではない, 車だった, 車ではなかった

🎏 ~ようだ의 형태와 활용

① 추측(~인 것 같다) : 어떤 상황에 대한 주관적 추측입니다.

② 비유(~같다) : 어떤 상황을 다른 것에 비유합니다.

③ 예시(~처럼) : 어떤 것을 예로 들어 말할 때 사용합니다.

· 동사·い형용사의 보통형, な형용사·명사의 명사수식형 + ようだ

いる	中<ruby>なか</ruby>に誰<ruby>だれ</ruby>か ....。	안에 누군가 있는 것 같다. (추측)
来<ruby>く</ruby>る	彼<ruby>かれ</ruby>は今日<ruby>きょう</ruby> ....。	그는 오늘 안 오나 보다. (추측)
静<ruby>しず</ruby>かだ	最近<ruby>さいきん</ruby>は ....。	요즘은 조용한 것 같다. (추측)
夢<ruby>ゆめ</ruby>(꿈)	合格<ruby>ごうかく</ruby>したって ....。	합격했다니 꿈만 같다. (비유)

정답 いるようだ, 来ないようだ, 静かなようだ, 夢のようだ

ように : 문장 중간에 쓰여 ~인 것 같이, ~같이, ~처럼

ような + 명사 : 명사 앞에서는 ~な의 형태. ~인 것 같은, ~같은

예 言<ruby>い</ruby>ったように　말한 것처럼　　あなたのように　너처럼

あなたのような人　너 같은 사람

静<ruby>しず</ruby>かだ	.... 見<ruby>み</ruby>えるけど違<ruby>ちが</ruby>う。	조용한 것처럼 보이지만 아니야.
次<ruby>つぎ</ruby>(나음)	結果<ruby>けっか</ruby>は .... なります。	설과는 나음과 같이 됩니다.
言<ruby>い</ruby>う	あなたが .... ことはない。	니가 말한 것 같은 일은 없어.
彼女<ruby>かのじょ</ruby>	.... 歌手<ruby>かしゅ</ruby>になりたい。	그녀 같은 가수가 되고 싶어.

정답 静かなように, 次のように, 言ったような, 彼女のような

🎏 ~みたいだ의 형태와 활용

> ~ようだ의 구어체 표현으로서 정중한 자리에서는 쓰지 않습니다.
> · **동사·형용사·명사의 보통형 + みたいだ(だ는 생략 가능)**
> **(단, な형용사, 명사 현재형(기본형) 끝의 だ는 쓰지 않음)**

동사	誰^{だれ}かいるようだ。 = 誰かいるみたい(だ)。	누군가 있는 것 같다
い형용사	寒^{さむ}かったようだ。 = ...。	추웠던 것 같다.
な형용사	静^{しず}かなようだ。 = ...。	조용한 것 같다.
명사	彼女^{かのじょ}は歌手^{かしゅ}のようだ。 = 彼女は ....。	그녀는 가수같다.

誰^{だれ} / 寒^{さむ} / 静^{しず} / 彼女^{かのじょ} 歌手^{かしゅ}

정답 寒かったみたい(だ), 静かみたい(だ), 歌手みたい(だ)

🎏 ~そうだ의 형태와 활용

> 직접 눈으로 볼 수 있는 것, 또는 직접 경험할 수 있는 상황에 대한 주관적인 추측
> 을 말할 때 사용합니다.
> · **동사 ます형, い·な형용사 어간 + そうだ**

· 동사는 ます형에, 형용사는 맨 끝의 い, だ를 뺀 어간에 접속합니다.
· 음식을 보면서 "맛있어 보인다"라고 말하는 상황처럼, 직접 눈으로 보면서 말할 때
  주로 사용합니다.

おいしそうだ	맛있어 보인다	雨^{あめ}が降^ふりそうだ	비가 내릴 것 같다
元気^{げんき}そうだ	건강해 보인다	外^{そと}は寒^{さむ}そうだ	밖은 추운 것 같다

· ~ようだ는 주로 '상황', ~そうだ는 주로 '모습'을 설명할 때 사용합니다.

다음 동사, 형용사를 ~そうだ와 연결해 보세요

おいしい	맛있다	おいしそうだ	맛있어 보인다
まずい	맛없다		맛없어 보인다
<ruby>楽<rt>たの</rt></ruby>しい	즐겁다		즐거워 보인다
<ruby>好<rt>す</rt></ruby>きだ	좋아하다		좋아할 것 같다
<ruby>大変<rt>たいへん</rt></ruby>だ	힘들다		힘들 것 같다
ある	있다		있을 것 같다
できる	가능하다		가능할 것 같다
<ruby>降<rt>ふ</rt></ruby>る	(눈/비가)내리다		내릴 것 같다

정답 まずそうだ, 楽しそうだ, 好きそうだ, 大変そうだ, ありそうだ, できそうだ, 降りそうだ

형태는 같지만 의미는 다른 또 하나의 そうだ
そうだ에는 다른 사람의 말이나 어떤 정보를 그대로 전달하는 전문의 의미도 있습니다. ・'인용하는 문장' + そうだ(~라고 한다)

<ruby>彼<rt>かれ</rt></ruby>は<ruby>野球選手<rt>やきゅうせんしゅ</rt></ruby>だった」 そうだ。	'그는 야구선수였다'고 한다.
<ruby>昨日<rt>きのう</rt></ruby>のイベントは<ruby>楽<rt>たの</rt></ruby>しかったそうだ。	어제 이벤트는 즐거웠다고 한다.
<ruby>明日<rt>あした</rt></ruby>からは<ruby>暑<rt>あつ</rt></ruby>くなるそうです。	내일부터는 더워진다고 합니다.
<ruby>鈴木<rt>すずき</rt></ruby>さんは<ruby>来<rt>こ</rt></ruby>られない」 そうです。	"스즈키씨는 못온다"고 합니다.

① 어떤 정보, 상황을 보고 판단한 비교적 객관적 추측을 말합니다

② '~라는 것 같다'의 의미로서 다소 부정확한 정보를 전달합니다.

③ '명사 + らしい'의 형태로 쓰여서 '~답다'라는 의미로 쓰입니다.

· **동사, い·な형용사, 명사의 보통형 + らしい**

(단, な형용사, 명사 현재형(기본형) 끝의 だ는 쓰지 않음)

^{たいへん}大変だ ^{さいきん}最近 ....。 요즘 힘든 것 같다. (추측)

^ふ降る ^{きょう}今日も^{あめ}雨が ....。 오늘도 비가 내린다고 한다. (전달)

^{おとこ}男 ^{かれ}彼はとても ....。 그는 굉장히 남자답다. (~답다)

* '~답다'라는 의미를 부정할 때 ~らしくない : 男らしくない 남자답지 않다

정답 大変らしい, 降るらしい, 男らしい

🌸 **한 걸음 더!**

ようだ·そうだ·らしい는 어떻게 구분해서 사용하나요?

ようだ, そうだ, らしい에는 모두 '추측'의 의미가 있습니다. 이중에서 そうだ는 '맛있어 보인다', '어려워 보인다' 등 직접 보고 경험할 수 있는 일에 쓴다는 점에서 다른 두 표현과 구분됩니다. 그렇다면 ようだ와 らしい는 어떤 차이가 있을까요?

중요한 차이점은 추측의 근거를 본인이 직접 듣거나 보았는지 여부입니다. "A는 감기인 것 같다"라고 할 때, 직접 이야기를 들었다면 ようだ가, 모습을 보고 추측했거나 주변에서 들었을 때는 らしい가 자연스럽습니다. 같은 내용을 전달하더라도 らしい를 쓰면 ようだ보다 조금 더 무관심하거나 거리감을 두고 말하는 듯한 뉘앙스가 됩니다.

MEMO

일본어의 경어 표현은 일본인들도 사회에 나와 다시 배울 정도로 복잡하고 어렵습니다
천천히 하나씩 연습해 보세요.

겸양어	한국어에서 윗사람에게 말할 때 자신을 '저'라고 말하고 무언가 줄 때 '드린다'라는 동사를 쓰는 것처럼 자기 자신이나 자신의 행동을 낮춰서 말하는 표현입니다.
정중어	자신과 같은 지위이거나 가깝지 않은 사람에게 쓰는 일반적인 높임말입니다. 동사의 ~ます, ~です 문형이 정중어에 해당합니다.
존경어	한국어에서 윗사람이 무언가를 먹을 때 '드시다'라는 동사를 쓰는 것처럼 윗사람이나 윗사람의 행동을 높여서 말할 때 사용하는 표현입니다.
미화어	겸양, 존경의 의미를 나타내기 위해 명사 앞에 붙이는 お 또는 ご를 말합니다. 고유의 일본어 앞에는 お를, 한자어 앞에는 ご를 붙이는 것이 원칙입니다. **· 고유어(훈독으로 읽는 말)** 　話(이야기) → お話, 住まい(사는 곳) → お住まい **· 한자어(음독으로 읽는 말)** 　連絡(연락) → ご連絡, 両親(부모님) → ご両親 **· 관용적으로 ご가 아닌 お를 붙이는 단어** 　① 자주 쓰는 말 : お電話(전화), お返事(답장) 등 　② 단어로 정착된 말 : お金(돈), お茶(차), 　　　　　　　　　　　　お弁当(도시락) 등

경어를 사용하는 범위와 기준

한국어에서는 상대방과 나 사이의 상하관계만을 고려해 경어를 사용하지만 일본
어에서는 **내가 속한 조직과 상대의 관계까지 고려**합니다.

1 개인간의 대화에서는 상대방과 나 사이의 관계에 따라 말합니다.

私が伺います。　　　　　　　제가 찾아 뵙겠습니다.

社長、お電話です。　　　　사장님, 전화 왔습니다.

2 어떤 조직의 구성원으로서 외부와 대화할 때는 나 자신뿐만 아니라 조직내 다른 구
성원에 대해 말할 때도 겸양어를 사용합니다.

· 가족, 회사 등 내가 속한 조직의 구성원을 소개할 때

한국어 이 쪽이 저희 김철수 사장님입니다. (외부에 말할 때도 '~님'을 붙임)

일본어 이 쪽이 사장 김철수 입니다. (~社長のキムチョルスです。)

· 내가 속한 조직의 구성원에 대해 말할 때

한국어 저희 김철수 사장님이 가실 것입니다.

일본어 저희 사장 김철수가 찾아 뵐 것입니다. (うちの社長キムチョルスが伺います)

🌼 **한 걸음 더 !**

한자의 '훈독', '음독'이란 무엇인가요?

일본 한자를 읽는 방법에는 중국에서 유래한 음독(音読 또는 音読み),일본 고유의 읽는
법인 훈독(訓読 또는 訓読み)의 두 가지가 있습니다.
예를 들어 話이라는 한자를, 전화(電話)에서는 わ로 읽고 이야기(お話)에서는 はなし라
고 읽습니다. 여기서 わ는 한자의 음을 살려 읽는 음독, はなし는 일본 고유의 방식으
로 읽는 훈독에 해당합니다.

겸양어의 형태와 활용 (문장을 그대로 따라 쓰며 연습하세요)

お / ご + 동사 ます형 / 동작성 명사 + する (내가) ~하다
(동작성 명사 - '설명', '이야기' 등 행동을 의미하는 명사)

<ruby>明日<rt>あした</rt></ruby>までお<ruby>送<rt>おく</rt></ruby>りします。.....................................

내일까지 보내 드리겠습니다. (送る 보내다)

ここからは<ruby>私<rt>わたし</rt></ruby>がご<ruby>説明<rt>せつめい</rt></ruby>します。.....................................

여기부터는 제가 설명 드리겠습니다. (説明 설명)

동사 て형 + いただく (상대방이) ~해 주시다 (~てもらう(p.140 참고)의 겸양 표현)

<ruby>部長<rt>ぶちょう</rt></ruby>に<ruby>資料<rt>しりょう</rt></ruby>を<ruby>送<rt>おく</rt></ruby>っていただきました。.....................

부장님께서 자료를 보내 주셨습니다.

<ruby>先生<rt>せんせい</rt></ruby>に<ruby>本<rt>ほん</rt></ruby>を<ruby>貸<rt>か</rt></ruby>していただきました。.....................

선생님이 책을 빌려주셨습니다. (貸す 빌려주다)

동사 사역형의 て형 + いただく ~하겠습니다.
(직역하면 '~하게 하심을 받겠습니다'로서 가장 정중한 겸양어)

<ruby>明日<rt>あした</rt></ruby>は<ruby>休<rt>やす</rt></ruby>ませていただきます。.....................

내일은 쉬겠습니다. (休む 쉬다)

<ruby>発表<rt>はっぴょう</rt></ruby>を<ruby>始<rt>はじ</rt></ruby>めさせていただきます。.....................

발표를 시작하겠습니다. (始める 시작하다)

존경어의 형태와 활용

~れる・~られる　~하시다
(동사의 수동형(p.112 참고)과 동일한 형태)

昨日はゆっくり休まれましたか。..

어제는 편안히 쉬셨습니까?

資料は読まれましたか。..

자료는 읽으셨습니까?

お / ご + 동사 ます형 / 동작성 명사 + になる　~하시다

何時ごろお戻りになりますか。..

몇 시쯤 돌아 오십니까? (戻る 돌아오다)

今日、ご出席になりますか。..

오늘, 참석하십니까? (出席 출석, 참석)

お / ご + 동사 ます형 / 동작성 명사 + です　~하고 계시다

お客さんがお待ちです。..

손님이 기다리고 계십니다. (待つ 기다리다)

身分証はお持ちですか。..

신분증은 가지고 계십니까? (持つ 가지고 있다)

🌸 한 걸음 더!

겸양어, 존경어로서 별도의 단어를 쓰는 표현

동사 중에는 겸양어, 존경어로서 전혀 다른 별도의 단어를 사용하는 표현들이 있습니다.
겸양어, 정중어, 존경어를 함께 연결해서 외워 두어야 실수 없이 사용할 수 있습니다.

기본형	겸양어	정중어	존경어
いる	おります	います	いらっしゃいます
行く	まいります	行きます	いらっしゃいます
来る	伺^{うかが}います	来ます	
する	致^{いた}す やります	します	なさいます
言う	申^{もう}します 申^{もう}し上^あげます	言^いいます	おっしゃいます
見る	拝見^{はいけん}します	見ます	ご覧^{らん}になります
食べる		食べます	召^めし上^あがります
飲む	いただきます	飲みます	
もらう		もらいます	없음
あげる	差^さし上^あげます	あげます	없음
知っている	存^{そん}じ上^あげています	知っています	ご存知^{ぞんじ}です

＊ いらっしゃいます

기본형　いらっしゃる

た형　　いらっしゃった

て형　　いらっしゃって

＊ おっしゃいます

기본형　おっしゃる

た형　　おっしゃった

て형　　おっしゃって

MEMO

동사를 활용한 다양한 표현들을 다시 한 번 확인하며 복습합니다. ▶ 정답은 165 페이지

▶ ~ている와 ~てある 활용 표현 복습

~ている	① ~하고 있다 현재 진행되고 있는 것
	② ~한 상태이다 어떤 상태가 지속되고 있는 것
~てある	~한 상태이다 무언가를 위해 '의도적으로' 해 놓은 것

▶ ~ている와 ~てある의 의미를 생각하면서 문장을 따라 써 보세요

1. 家に帰ってテレビを見ている。 집에 돌아와서 TV를 보고 있어

2. 鈴木さんは結婚していますか。 스즈키씨는 결혼하셨어요?

3. テーブルにお弁当が置いてあった。(お弁当 도시락)
   테이블에 도시락이 놓여져 있었다.(엄마가 나를 위해 준비해 놓음)

4. 車は家の前に止めてあります。
   차는 집 앞에 세워져 있습니다.(일부러 집 앞에 세워 놓은 상황)

🔘 ~てくる와 ~ていく 활용 표현 복습

~てくる	① 과거부터 지금까지 변화, 진행되어 온 것
	② 타인이 나를 향해 오는 것
	③ 다른 곳에서 현 위치로 오는 것
	④ 어떤 상황이나 변화가 시작되는 것
	⑤ 과거부터 계속 하거나 유지해 오고 있는 일
~ていく	① 현재부터 앞으로 변화, 진행되어 갈 것
	② 내가 타인을 향해 가는 것
	③ 현 위치에서 점차 멀어져 가는 것
	④ 현재부터 앞으로 계속하거나 유지해 나갈 일

🔘 다음 문장의 빈 칸에 くる, いく 중 하나를 골라 시제에 맞게 써보세요

1. _{さいきんふと}最近太って ....。　　요즘 살이 쪘다.

2. _{ちち}父がピザを_か買って ....。　　아버지가 피자를 사왔어요.

3. _{がっこう}学校にパンを_も持って ....。　　학교에 빵을 가지고 갔다.

4. _{ひる たべ}お昼を食べて ....。　　점심을 먹고 오겠습니다.

5. _{ひる た}お昼を食べて ....。　　점심을 먹고 가겠습니다.

6. _{がっこう でんしゃ の}学校まで電車に乗って ....。　　학교까지 전철을 타고 갔다.

7. _{かえ}いつ帰って ....。　　언제 돌아오시나요?

8. _{こども はし}子供が走って ....。　　아이가 달려 왔다.

● くれる, もらう, あげる 활용 표현 복습

くれる	타인이 나에게 무언가를 주는 것
~てくれる	타인이 나에게 무언가를 해 주는 것
もらう	내가 타인에게 무언가를 받는 것
~てもらう	내가 타인에게 무언가를 해 받는 것
あげる	나/타인이 타인에게 무언가를 주는 것
~てあげる	나/타인이 타인에게 무언가를 해 주는 것

＊ 단, あげる는 아랫사람이나 동등한 사람에게만 사용

● 다음 빈 칸에 くれる, もらう, あげる 중 하나를 시제에 맞게 써보세요. もらう는 상 대방을 표현할 때 조사 に, から를 쓴다는 점에 주의하세요

1. 友達がプレゼントを ....。　친구가 (나에게) 선물을 주었다.

2. 父が妹にプレゼントを ....。　아버지가 여동생에게 선물을 주었다.

3. 友達にプレゼントを ....。　친구에게 선물을 받았다.

4. 父がプレゼントを買って ....。　아버지가 (나에게) 선물을 사 주었다.

5. 姉に買って ....財布を無くした。　언니가 사 준 지갑을 잃어버렸다.

6. 知らない人からメールを ....。　모르는 사람한테 메일을 받았다.

7. 母にお菓子を作って.................................。　엄마가 과자를 만들어 주셨어요.

▶ 조건 & 가정 표현 복습

~と	변하지 않는 사실, 규칙, 습관을 표현
	· 동사·형용사 기본형 + と　　· 명사 + だと

~なら	일어나지 않은 상황을 가정, 대화의 주제 제시
	· 동사 / い형용사 기본형 + なら
	· な형용사의 어간 + なら
	· 명사 + なら

~ば	객관적 사실 설명, 두 가지 중 하나를 선택해 가정
	· 동사 : 끝 글자를 え단으로 바꾸고 + ば
	단, する → すれば, 来る → 来れば(くれば)
	· い형용사 : い를 뺀 어간 + ければ
	· な형용사, 명사 : ~ば의 형태가 없습니다.

~たら	상황 가정, 과거의 결과, 제안 등에 사용
	· 동사, 형용사의 た형(평서체 과거형) + ら
	· 명사 + だったら

▶ 다음 단어들의 ~と, ~なら, ~ば, ~たら 형태를 써보세요

	~と	~なら	~ば	~たら
か 買う	買うと	買うなら	買えば	買ったら
た 食べる				
さむ 寒い				
しんせつ 親切だ			(없음)	
あめ 雨			(없음)	

추측 & 비유 표현 복습

~ようだ	**주관적인 추측, 비유할 때 사용** · 의미 : ~인 듯하다, ~와 같다 · 동사·い형용사의 보통형, な형용사·명사의 명사수식형 + ようだ
~みたいだ	**~ようだ의 구어체 표현(접속 형태에 주의)** · 의미 : ~인 듯하다, ~와 같다 · 동사, い·な형용사, 명사의 보통형 + みたい (단, な형용사, 명사 현재형(기본형) 끝의 だ는 쓰지 않음)
~そうだ	**직접 보면서 느끼는 감정, 경험 가능한 것들에 대한 추측** · 의미 : ~일 것 같다, ~이겠다 · 동사 ます형, い·な형용사 어간 + そうだ
~らしい	**객관적 사실에 근거한 자신의 추측, 불확실한 내용 전달** · 의미 : ~라는 것 같다, ~인 것 같다 · 동사, い·な형용사, 명사의 보통형 + らしい (단, な형용사, 명사 현재형(기본형) 끝의 だ는 쓰지 않음)

다음 단어들의 ~ようだ, ~みたいだ, ~そうだ, ~らしい 형태를 써보세요

(보통형을 쓰는 문형의 경우 '과거형'을 쓰세요)

	~ようだ	~みたい(だ)	~そうだ	~らしい
買う	買ったようだ	買ったみたい	買いそうだ	買ったらしい
降る				
寒い				
大変だ				
雨			(없음)	

~てくる와 ~ていく

. きた　　2. きました　　3. いった　　4. きます

. いきます　6. いった　　7. きますか　　8. きた

くれる, もらう, あげる

. くれた　　　2. あげた　　3. もらった　　4. くれた

. もらった　　6. もらった　　7. もらいました

조건 & 가정

食べると・食べるなら・食べれば・食べたら

寒いと・寒いなら・寒ければ・寒かったら

親切だと・親切なら・親切だったら

雨だと・雨なら・雨だったら

추측 & 비유

降ったようだ・降ったみたいだ・降りそうだ・降ったらしい

寒かったようだ・寒かったみたいだ・寒そうだ・寒かったらしい

大変だったようだ・大変だったみたい・大変そうだ・大変だったらしい

雨だったようだ・雨だったみたい・雨だったらしい

저자 소개

나 무

일본외국어전문학교 일한통역과 졸업
일본 '통역안내사' 자격증 보유

현재 일본 기업에서 신문/잡지 기사 번역 업무를 하며
일본어 학습, 일본 생활 블로그 운영 중
저서로 『손으로 쓰면서 외우는 JLPT N1 30일 완성』, 『손으로 쓰면서 외우는 JLPT N2 30일 완성』, 『손으로 쓰면서 외우는 JLPT N3 30일 완성』, 『손으로 쓰면서 외우는 JLPT N4+N5 30일 완성』, 『N1에서 N5까지 총정리 일본어 문법사전』, 에세이집 『한 번쯤 일본에서 살아본다면』(공저), 『걸스 인 도쿄』(공저), 『일본에서 일하며 산다는 것』(공저)이 있다

저자 블로그 & 인스타그램

https://blog.naver.com/tanuki4noli

https://www.instagram.com/namu4tokyo

저자 e-mail

tanuki4noli@naver.com

손으로 쓰면서 외우는 일본어 문법 30일 완성

초판 1쇄 발행　　2019년 10월 1일

초판 3쇄 발행　　2023년 6월 10일

저　　　자　　나무

펴 낸 이　　최수진

펴 낸 곳　　세나북스

출 판 등 록　　2015년 2월 10일 제300-2015-10호

주　　　소　　서울시 종로구 통일로 18길 9

홈 페 이 지　　http://blog.naver.com/banny74

이 메 일　　banny74@naver.com

전 화 번 호　　02-737-6290

팩　　　스　　02-6442-5438

I S B N　　979-11-87316-51-0 13730